对外开放新格局下陕西经济
高质量发展研究系列丛书

陕西高校哲学社会科学重点研究基地（陕西口岸发展研究院）建设项目、陕西省社会科学基金项目（2023D051）、陕西省社科著作出版资助项目（2022SKZZ019）、陕西省教育厅科学研究计划项目（项目编号：23JP051）、西安市科技局软科学项目（2024-JH-RKYB-0176）、西安翻译学院“双一流”建设项目。

对外开放新格局下
陕西自由贸易试验区物流
系统构建与运行研究

王媛媛 著

Research on the Construction and Operation of Logistics System in Shaanxi Pilot Free Trade Zone Based on the New Opening Pattern

中国经济出版社
CHINA ECONOMIC PUBLISHING HOUSE
·北京·

图书在版编目（CIP）数据

对外开放新格局下陕西自由贸易试验区物流系统构建与运行研究 / 王媛媛著 . -- 北京：中国经济出版社，2024. 8. -- ISBN 978 - 7 - 5136 - 7814 - 8

Ⅰ. F259. 274. 1

中国国家版本馆 CIP 数据核字第 20244TP921 号

责任编辑　杨元丽
责任印制　马小宾
封面设计　任燕飞设计

出版发行　中国经济出版社
印 刷 者　天津嘉恒印务有限公司印刷
经 销 者　各地新华书店
开　　本　710mm × 1000mm　1/16
印　　张　17
字　　数　230 千字
版　　次　2024 年 8 月第 1 版
印　　次　2024 年 8 月第 1 次
定　　价　69. 00 元
广告经营许可证　京西工商广字第 8179 号

中国经济出版社 **网址** http://epc. sinopec. com/epc/ **社址** 北京市东城区安定门外大街 58 号 **邮编** 100011
本版图书如存在印装质量问题，请与本社销售中心联系调换（联系电话：010 - 57512564）

前言

中国（陕西）自由贸易试验区（以下简称“陕西自贸区”）是党中央、国务院2016年8月31日批准设立的我国第三批自由贸易试验区，是西北地区唯一的自由贸易试验区（以下简称“自贸区”）。陕西自贸区被赋予的责任是建设成为全面改革开放“试验田”，内陆型改革开放新高地，以及“一带一路”经济合作和人文交流重要支点。自贸区作为促进一国经济、发展国际贸易和引进外资的重要平台受到各国重视，而作为自贸区发展必不可少的物流产业，也一直是国内外学者的研究热点。陕西地处亚欧大陆桥，连接海上丝绸之路与陆上丝绸之路，物流业的发展是推动自贸区乃至整个西部发展的重中之重。

本书在区域物流、物流供需均衡、系统动力学等理论分析的基础上，对陕西物流业发展概况与物流格局进行总结，分析陕西自贸区物流产业建设情况，构建陕西自贸区物流系统，对系统内物流需求主体、物流供给主体、物流基础设施系统、物流信息系统、物流保障系统等构成要素进行分析，对陕西自贸区物流系统供需均衡进行分析，运用系统动力模型进行系统仿真预测与优化，发现陕西自贸区物流系统中存在的问题，提出陕西自贸区物流发展战略，从物流系统支撑体系、物流政策框架构建、物流系统协同运作、物流系统保障措施等几个方面提出陕西自贸区物流业发展的对策建议，以期促进陕西自贸区物流系统均衡、快速、稳定、可持续发展，从而推动陕西省经济发展，并助力对外开放新格局的形成。

目　录

1
绪　论

1.1 研究背景和意义

1.1.1 研究背景

“对外开放新格局”是党的十九大报告中提出的应对经济暂时所面临困境的经济发展战略。这一治国理政方针的核心思想涵盖两个主要方面：其一，中国政府高度看重“一带一路”建设，将其视为深入改革开放、打破对外开放传统格局的创新思路和行动。这一倡议的目标是实现全球经济一体化、互利共赢，并增强区域合作，成为战略方向的关键组成部分。其二，“全面开放新格局”是在深刻总结中国改革开放历程成果和经验教训的基础上提出的前瞻性总体指导方针。因此，政府需要在对外投资、引进外资、国际贸易和国内开放等领域，结合国际国内新形势，不断优化和巩固我国改革开放的走向和路径。这将有助于激发经济主体活力，推动内需消费，积极参与国际经济竞争与合作。

作为促进一国经济、发展国际贸易和引进外资的重要平台，自贸区受到各国重视，而自贸区发展必不可少的物流产业，也一直是国内外学者研究的热点。在陕西自贸区建设中，物流业的积极参与能够促进自贸区最大限度地发挥其功能。因此，研究陕西自贸区物流业发展问题意义重大，保证自贸区物流系统的健康发展对提高陕西地区对外开放水平、支撑参与全球竞争合作、打造与高水平对外开放体系相协调的物流发展新格局具有重大作用。

1.1.2 研究意义

（1）理论意义

作为内陆省份的陕西获准成立自贸区，是中央“一带一路”倡议的具体体现。研究新形势下的陕西自贸区物流发展，具有较强的理论意义：通过分析陕西自贸区物流系统各要素的因果关系，建立基于供需均衡的陕西自贸区物流系统的系统动力学模型，有助于深入认识陕西自贸区物流系统中相关要素与物流供需的关系以及物流供给与物流需求的关系，探讨陕西自贸区物流供给与物流需求之间均衡发展的机理，对相关领域的研究具有一定的指导意义，为中国内陆自贸区建设发展提供新思路。

（2）实践意义

陕西地处亚欧大陆桥，连接海上丝绸之路与陆上丝绸之路，依托建设丝绸之路经济带上最大的国际中转枢纽港和商贸物流集散地的国际港务区，物流业的发展是推动自贸区乃至整个西部发展的重中之重。本书的研究有利于促进陕西自贸区物流系统供需均衡发展，其中针对陕西自贸区物流系统供需的研究，有利于为政府完善陕西自贸区物流系统提供决策依据。陕西自贸区物流系统动力学（System Dynamics，SD）模型是指导制定陕西自贸区物流系统规划的有效方法和工具，通过模型的构建和运行模拟，有关管理部门可以及时、准确地把握陕西自贸区物流系统的发展状况，并且可以根据陕西自贸区物流供需情况，适时改进相关政策。由此可见，构建物流系统动力学模型能够为政府和企业决策部门在进行宏观规划和调控时提供理论依据和决策支持，有利于促进陕西自贸区物流供需均衡发展，促进陕西自贸区物流系统快速、稳定、可持续发展，推动陕西外向型经济发展，并且能够助力“一带一路”建设和打造与高水平对外开放体系相协调的物流发展新格局。

1.2 文献综述

我国国内对自贸区的研究文献相对较少，截至 2021 年 4 月 17 日，以“自由贸易试验区”或“自贸区”为关键词，来源类别为北大核心、CSSCI、CSCD、中国知网的搜索结果显示，期刊文章数量达 578 篇。但是进一步筛查发现关于自贸区的研究文献只有 262 篇，其中关于内陆自贸区的研究只有 34 篇；以“自贸区”和“物流”为关键词，来源类别为北大核心、CSSCI 的文献有 261 篇。本书对现有文献从两个方面进行综述：一方面是将内陆自由贸易试验区相关研究作为切入点，另一方面是关于自由贸易试验区和物流之间关系的研究。

1.2.1 内陆自由贸易试验区的相关研究

张晓骏等（2014）在其研究中以武汉为案例，考察了内陆自贸区的发展建设对中部地区综合开放的影响。他们的结论认为，通过建设和发展内陆自贸区，可以加速中部地区的全面开放，促进先进生产要素的集聚，实现沿海与内陆地区的均衡协调发展。同样，孙久文（2016）也研究了我国内陆沿边地区建设自贸区的路径，主张参照美国自由贸易园区布局规律并结合我国内陆沿边实际，采取内陆沿边省会或口岸，或两者联合布局方式。这三种布局方式对我国内陆地区管理体制机制的转变、沿海与内陆地区差距的缩小以及促进两者协调发展具有重要的实际意义。孙久文指出，前两批自贸区的建设发展为内陆沿边自贸区提供了丰富的可复制经验，为新设自贸区的建设提供了有价值的借鉴。在新建自贸区时，应当因地制宜，凸显地域特色，创新并灵活高效地设计管理体制。方磊等（2016）进一步讨论了我国内陆自贸区建设模式，强调应该根据区位特点和明确的功能定位构建高效的管理模式。在借鉴沿海地区经验的基础上，要凸显区位优势，同时处理好相关产业的承接、相应商贸物流平台的搭建以及金融服务创新等方面的工作。余川江等（2019）从属性、建设内容和建设路径三个方面对内陆自由贸易港进行了深入的分析研究。在此基础上，他们总结了重庆自贸区的发展经验，并提出内陆自贸区应朝着全球开放水平最高的内陆自由贸易港转型升级。这一发展路径包括从内陆枢纽港开始，经过发展逐渐过渡到内陆开放经济高地，再经过进一步发展最终形成内陆自由贸易港。

韩民春等（2018）基于国际视角进行了比较分析，研究了国外主要内陆自由贸易园区的开放模式、管理模式以及产业发展模式。在此基础上，他们探讨了内陆自由贸易园区建设发展的经验和存在的问题，并结合我国内陆自贸区的实际提出了政策建议。

1.2.2 自由贸易试验区和物流之间关系的研究

（1）自贸区对物流发展的影响研究

国外发达国家发展自贸区起步较早，对自贸区物流的研究也相对较早。Comelia Steiner（2003）指出，随着自贸区的发展，第三方物流提供商获得发展机遇，许多国际物流企业在自贸区启动多个仓库，为客户提供快速、及时、低成本的物流服务。Curtis Spencer（2005）分析了建立自贸区对美国物流行业的带动作用，顶级进口配送中心积极在自贸区建立网点以提供优质的物流服务。Curtis Spencer（2004）指出，自贸区的建立能够给航运物流企业、空运物流企业、多式联运企业及区域配送中心带来利好，从而为客户带来更多的利益。

随着我国自贸区建设进程的加快，我国学者对自贸区物流方面的研究也层出不穷。许多学者对自贸区成立给物流业带来的影响进行了研究，冯珏曦（2014）结合自贸区的区域优势、政策方案、贸易条件三个方面，分析了上海自贸区成立对我国物流业的影响。朱正清（2014）分析了上海自贸区行政管理体制对物流企业发展的影响、提高贸易便利化水平对国际物流业发展的影响，以及金融开放创新对物流业、金融业结合发展的影响。丁俊发（2014）分析了上海自贸区给物流业发展带来的机遇与挑战，并提出了推动自贸区发展的建议。王圣池（2015）在上海自贸区成立的背景下，考虑自贸区在进口关税、海关绩效、货运及时性等方面对再制造产业的影响，通过动态定价策略来反映企业对废旧产品的回收率，以网络运营收益和物流绩效指数为目标构建模型来研究企业的回收决策和物流网络布局。王陇（2015）基于纽约自贸区政策，研究汽车物流服务模式的运作流程，并对上海自贸区汽车物流企业发展提出建议。郭薇（2015）指出，上海自贸区的建立给周边江苏、浙江等省份的国际港口物流发展带来了深远影响，并进行了自贸区联动效应下江苏港口物流产业发展的PEST分析，最后提出了自贸区联动效应下江苏港口物流产业协调发展的对策。

现有研究分析了中国香港、上海和新加坡、纽约、巴西等地自贸区的物流水平差异，对比分析了自贸区物流存在的问题和面临的挑战，总结了各自贸区的成功经验，中国香港和新加坡等自贸区最大的优势来自于对全世界的完全开放，限于种种原因，我国内陆自贸区目前尚难以做到这一点。何力（2014）认为，南美巴西玛瑙斯自贸区是内陆自贸区的典型，该自贸区既不靠近海洋，也不靠近边境，最大的优势就是拥有极其丰富的自然资源。作为世界上最大的自贸区，其功能主要是引进外资来开发资源、发展进口替代型经济、实现带动全国发展的战略目标。宽严适度的税收减免措施使之发展成为内陆外向的加工贸易中心，对我国的内陆自贸区建设有很大的参考意义。

（2）物流供给与物流需求研究

国外关于物流供需方面的研究主要侧重于企业物流运作的微观层面。James F. Campbell（1997）指出，随着货运需求量的增加，能够通过建设运输网络节点来降低运输成本，他在研究中同时考虑了节点建设成本、运输成本和节点重置成本，对运输节点的布局进行决策以满足货运需求。Gerard J. Burke、Janice E. Carrillo 和 Asoo J. Vakharia（2010）研究了单周期、单一产品在需求不确定情况下的采购决策方法，提出只有当供应商有足够的供给能力时，单源采购才是最优决策。

国内学者同样对物流供需关系进行了研究，刘立（2004）研究了我国物流市场的需求来源和物流供给企业类型，分析了我国物流市场需求和供给的功能结构，并做出预测。李国旗（2005）等分析了物流服务市场供求现状，并利用三种分析方法，即经济学理论、竞争理论以及物流业固有特性研究物流服务市场供求关系。王之泰（2001）提出，长期以来形成物流供需矛盾的主要原因是对物流发展的关注过多地集中在物流供给方面，缺乏对物流需求的提升，应该定位于服务，围绕服务来确定供给与需求双方的关系。此外，国内学者对物流供需均衡也进行了相关研究。鲍静溪（2008）运用投入产出表、博弈论等产业分析的方法，基于现实问题提出了区域物流均衡分析框架，通过框架对区域物流发展不平衡原因进行分析，并提出相关产业政策。陈宁宁（2015）将均衡思想引入区域物流体系，指出物流均衡包括物流均衡态势、物流均衡层次和物流均衡效益三个方面的内容，并建立基于物流均衡的区域物流比较指标体系，运用改进后的雷达图，对区域物流体系均衡运行的状况进行比较。

1.2.3 研究述评

本书综合考察了国内学者从不同角度进行的研究，他们采用了丰富的定性和定量研究方法，深刻探讨了自贸区的诸多议题，形成了富有学术价值和现实意义的研究成果。从国家、产业和企业的多层面观察来看，自贸区的设立总体上被认为是一项利大于弊的举措。这些自贸区已经成为全球经济体吸引外资、推动国际贸易、提高生产效率、进行改革试验以及促进就业的关键平台。当前，全球自由贸易园区数量已超过1200家，这表明建立这些园区所带来的利益远远超过了它们的建立成本。

已有研究在自贸区对物流发展的影响方面研究深度不足，内容较为分散，而在宏观层面的物流供需关系的现有研究中，大多是对物流需求和供给状况的定性研究，缺乏对物流供需关系的定量研究。现有关于物流系统供需均衡的研究往往局限于对物流系统中的物流需求和物流供给情况进行评价和描述，不能体现物流供需关系的动态过程。本书拟运用系统动力学模型，从定性和定量两个角度研究陕西自贸区物流系统的构建与供需问题，并体现物流系统供需均衡变化的动态过程，研究如何促进陕西自贸区物流需求和物流供给均衡发展的问题，从而丰富有关内陆自贸区物流产业研究的相关文献内容。

1.3 研究内容

本书基于对外开放新格局背景，以陕西自贸区物流系统的供需均衡为切入点，研究陕西自贸区物流系统运行的政策和保障措施。内容安排如下：

第 1 章 绪论。主要分析本书的研究背景和意义，进行文献综述，提出研究内容、研究方法及创新之处等。

第 2 章 理论基础。介绍自贸区相关概念、对外开放新格局的理论、区域物流相关理论，分析系统动力学在物流领域的应用，以及物流供需均衡理论在自贸区物流的应用，为本书的研究奠定理论基础。

第 3 章 陕西自贸区物流系统现实基础。介绍自贸区的发展现状、概况，陕西自贸区的概念、特点、范围、特征、竞争力等要素，对西安物流业发展概况与物流发展格局进行总结。

第 4 章 陕西自贸区物流系统分析。先对陕西自贸区的物流系统进行概述，分别对目标、特征和架构进行阐述，然后对陕西自贸区的物流系统进行 SWOT 分析，再对陕西自贸区物流系统各构成要素进行分析，包括对物流需求主体、供给主体、基础设施系统、信息系统、保障系统的分析。最后进行陕西自贸区物流系统供需分析，包括物流系统供需的界定和供需均衡的分析。

第 5 章 陕西自贸区物流系统动力学模型构建与优化。包括建模的目的与模型假设阐述，陕西自贸区物流系统动力学分析，陕西自贸区物流系统动力学模型构建与模型有效性检验，并对陕西自贸区物流系统动力学模型进行仿真优化分析，提出模型优化策略。

第6章 陕西自贸区物流系统发展经验借鉴。分别选取国内外典型自贸区论述物流发展经验，论述国外典型内陆自贸区的发展研究与中国内陆自贸区的事实特征，对发展中国家和发达国家的内陆自贸区进行分析，对中国当前内陆自贸区的设立理念和区位与运营特征加以概括。根据国内外在区位特征和发展目标上有同质性的内陆自贸区的发展经验，提出促进陕西自贸区发展的借鉴经验。

第7章 陕西自贸区物流发展战略。在第6章的基础上，结合陕西地理环境、地方经济特色，提出陕西自贸区的物流发展战略。

第8章 陕西自贸区物流系统支撑体系。从物流系统中的物流主体、物流客体、物流载体三个方面论述了陕西自贸区物流系统的构成要素和支撑策略，其共同构建了陕西自贸区物流系统发展的基础支撑体系。

第9章 陕西自贸区物流系统运行政策理论框架。在陕西自贸区物流系统支撑体系的基础上，提出支持系统运行的政策理论框架，包括物流政策的目标、设计原则以及陕西自贸区物流产业政策构建的阶段性和重点。

第10章 陕西自贸区物流系统的政策体系。具体从物流边界政策、投入要素政策、环境培育政策三个方面论述了西安物流产业政策体系的主要内容。

第11章 陕西自贸区物流系统的协同运作。提出陕西自贸区物流系统协同运作方面的问题，从政府部门、物流服务运营商、物流基础设施、物流信息网络、物流网络系统五个方面论述解决问题的方案。

第12章 陕西自贸区物流系统运行保障。在对外开放新格局背景与相关政策对物流业发展的推动作用下，以陕西自贸区物流系统动力学模型优化对策为切入点进一步提出推动陕西自贸区物流发展运行保障对策。

第 13 章 结论与展望。总结主要研究成果，在此基础上分析研究存在的不足并提出下一步研究方向。

1.4 研究方法

（1）文献研究法

文献研究法主要是阅读并收集区域物流理论、物流供需均衡理论、系统动力学理论、自贸区研究等相关文献与书籍，掌握目前学术界关于自贸区物流的研究理论，结合陕西自贸区发展情况，对陕西自贸区物流系统进行分析。

（2）实践调查法

通过查阅资料、问卷调研、实地走访等方法对陕西自贸区物流系统进行数据收集和整理，为本书研究提供较为充分的实践调查数据资料。

（3）定性与定量相结合分析方法

定性分析主要体现在陕西自贸区物流系统的构建及其各要素之间的因果关系分析等方面。定量分析主要体现在运用历年数据分析得出系统动力学模型中各要素之间的数量关系，以及确定相关参数等方面。

（4）软件应用

运用 Vensim 软件构建基于供需均衡的陕西自贸区物流系统的系统动力学模型，并对模型进行仿真和优化。在研究陕西自贸区物流系统要素之间关系时，运用 SPSS 软件进行数据处理和分析。

1.5 创新之处

①结合陕西自贸区物流发展的背景和特点，基于物流需求、物流供给均衡分析，构建陕西自贸区物流系统，并对陕西自贸区物流系统中的各构成要素进行分析。

②运用系统动力学理论研究陕西自贸区物流系统各要素与物流供需的关系以及物流供给与物流需求的关系，构建基于供需均衡的陕西自贸区物流系统的系统动力学模型，并从物流供需数量均衡和结构均衡两个方面，研究物流供给和物流需求实现均衡的动态过程。

③运用陕西自贸区物流系统的系统动力学模型进行仿真预测，并从物流供需数量均衡和结构均衡两个方面，提出陕西自贸区物流发展的具体策略。

2 理论基础

2.1 自贸区相关概念界定

2.1.1 自由贸易区

自由贸易区的根源可以追溯到世界贸易组织（WTO）规定中的相关条款。英文中将其称为 Free Trade Area（FTA）。自由贸易区，又称商业自由区，是被隔离并设立为免税的区域，专门为贸易、转运和再出口业务提供仓储、储存和分销设施。这些区域通过围栏或其他屏障与周边东道国的领土隔离，允许在无须支付关税、消费税或受到配额限制的情况下引入国外货物。此外，自由贸易区还不受外汇管制，并且不受大多数旨在保护消费者的统计报告和条例的制约。在自由贸易区内，商品享有多项权利，包括自由储存、制造、展览、组装、分类和销售等，并且可以像进口一样自由出口。然而，一旦区内货物被带进该区所在的东道国，就会受到正常的进口配额、关税和消费税的支配。自由贸易区被视为国家实施多边合作战略的重要工具，其法律基础为《关税及贸易总协定》（GATT）第 24 条第 8 款第 2 项。自由贸易区具备一系列优势，但也存在一些局限性。其中之一是可能发生成员国之间的贸易偏移效应，导致国际商品流通中出现扭曲和避税现象。为了防止这种贸易偏移效应，自由贸易区的成员国实施了“原产地原则”。该原则规定只有在自由贸易区成员内部生产的产品才能享受自由贸易政策的优惠，这类产品被称为“原产地产品”。在“原产地产品”的定义中，自由贸易协定规定当产品在成员国内的价值增值达到商品总价值的50%以上时即可认定该商品为“原产地产品”。此规定强调了自由贸易协定对非成员国的排他性，确保成员国之间的贸易关系基于相互之间的产业合作和依存关系。

当今世界经济的主导趋势是区域一体化和经济全球化。WTO成员在推动自由贸易规则的同时，致力于扩大与非成员国的贸易往来。中国近年来逐步崛起为全球经济的重要参与者，对全球经济产生深远影响，加速了全球经济一体化和新自由贸易中心的形成。各国为适应发展需求纷纷建立自由贸易区，如北美自由贸易区。

自由贸易区虽然在吸引外资和促进贸易方面发挥了积极作用，但也面临着监管不完善、贸易壁垒、避税逃税及产权保护等问题。监管机制的不协调可能导致贸易不公平和资源流失，影响自由贸易区的稳健发展。尽管自由贸易区设立的初衷是减少贸易壁垒，但一些国家采取了保护主义手段，如设定高关税和实施配额制度，妨碍了正常的贸易流通。同时，企业利用自由贸易区的便利条件进行避税逃税，可能损害国家税收利益。产权保护成为一个亟待解决的问题，并且涉及多国企业和跨境贸易。为确保自由贸易区的可持续发展，各国需要共同努力，加强监管协作，降低贸易壁垒，强化税收合规，建立完善的产权保护机制。只有通过这些努力，自由贸易区才能更好地促进国际贸易的健康发展，实现更加稳定和可持续的经济增长。在全球经济一体化的背景下，各国需合作应对挑战，以期共创繁荣的未来。

2.1.2 自由贸易园区

自由贸易园区（Free Trade Zones，FTZ）这一概念最早出现于1973年由世界海关组织制定的《京都公约》中。自由贸易园区的具体解释是“自由贸易园区是一个地理上确定的区域，在这个区域内，某些类型的经济活动可以在没有政府税收和其他经济部门监管的情况下进行”。换句话说，自由贸易园区在特定区域内不征收关税且不受进口管制，为投资、技术引进、促进出口和创造就业机会提供了有吸引力的经济环境。此外，自由贸易园区还被定义为一个仓储区域，用于储存货物并将其转口到目的国或国外，而不需要进行实质性改造。在这个特定的经济区域内，货物可以自由流通，享受更为灵活的贸易政策，为企业提供了更为便利的贸易环境。

自由贸易园区是一种在主权国或主权区域境内关外设立的多功能经济型特殊区域，旨在实现贸易自由化和便利化。这类园区的主要特点在于，该区域内的东道国消费税以及其他对外贸易的限制不适用于经济活动。虽然这些区域通常是主权国家领土的一部分，但其运作方式使进口的货物可以在其中免费储存、出售或购买，形成了一个免税市场或仓库。为了确保自由贸易园区的有效运作，通常需要采取围网隔离等手段，将其在财政上视为国境外。这种隔离措施有助于维护区域内贸易的自由性，并防止不受限制的进出口活动对东道国的贸易政策造成负面影响。自由贸易园区实施免税或保税政策，其主要目的是降低贸易成本。在这些区域内，企业可以享受更为宽松的贸易环境，减轻了企业消费税等费用的负担。这种政策措施吸引了国内外企业在这些区域开展业务，并促进了更加高效的国际贸易。随着全球经济一体化和贸易全球化的不断发展，越来越多的国家纷纷在其境内设立独立的自由贸易园区，以促进经济发展和提升国际竞争力。一些典型的例子包括爱尔兰香农自由贸易园区、新加坡自由港、美国的纽约港自由贸易园区，以及中国目前已设立的 21 个自贸区。这些自由贸易园区的建立旨在为企业营造更为宽松和有利可图的营商环境，同时有助于推动国际贸易更进一步发展。

自由贸易园区和自由贸易区是两种共同致力于降低贸易成本、促进企业投资和扩大对外贸易目标的经济区域。尽管它们有着共同的目标，但在多个方面存在显著差异。首先，在设立主体方面，自由贸易区通常由两个或两个以上独立主权国家或多个独立主权区域组成。相比之下，自由贸易园区则是单个主权国家设立的小范围特殊区域，其设立范围相对较小。其次，设立依据也存在明显差异。自由贸易区的设立主要依据世界贸易组织规定，自由贸易园区则遵循世界海关组织（WCO）制定的《京都公约》。最后，法律规定和管理模式也是两者之间的显著差异。自由贸易区主要采用双边或多边的法律协议进行法律保护，管理主要集中在对外贸易、投资、金融等领域，特别是通过这些领域来促进和推动本国经济的发展。自由贸易园区采用主权国的国内法规进行法律保护，强调在管理模式上实施“一线放开、二线管住”的监管方式。这种管理方式旨在促进贸易投资的自由化和便利化，为企业提供更宽松的营商环境。

“一线放开”是指主权国家在某一区域开辟设立的特殊区域，该区域对任何境外的货物进出口贸易和投资开放提供特殊的通道。通过这一通道进入特殊区域的境外货物可免除海关检查和检验，只需在海关备案即可。特殊区域内的货物可在该区域内自由流通，不受限制，从而极大地促进了贸易投资的自由化和便利化。“二线管住”是指在自由贸易园区的任何境外货物都必须通过海关才能进入主权国家的通道口。从一线进入自由贸易园区的境外货物需通过国境进入非自由贸易园区，必须经过海关的检验检疫以及走完相关的完税纳税程序。同样，由非自由贸易园区通过海关进入自由贸易园区的任何货物也都需经过海关的检验检疫以及走完相关的完税纳税程序。同时，海关对所有进出自由贸易园区的货物实行严格的监督管理。

2.1.3 自由贸易试验区

自由贸易试验区是我国经济改革进入深水区后的新尝试，其改革重点主要集中在投资、贸易、金融和科技创新等领域，并致力于打造多因素相互融合的综合体（李光辉，2017）。自由贸易试验区既不是真正意义上的国际通行自由贸易区，也不是同等意义上的自由贸易园区。自由贸易试验区与自由贸易区和自由贸易园区的最大区别就是“试验”二字，即在我国境内设立的，具有境内关外属性的特定区域。

自由贸易试验区的核心是制度创新，即在贸易监管、投资管理、金融服务、政府管理等多方面展开制度创新试验和示范。

自由贸易试验区的核心目标建立在国际贸易新标准、全球化经济治理以及国际投资新规则的基础上。该试验区率先尝试双边、多边和区域合作，致力于积累新的经验，形成先行试点。与此同时，它还致力于在接轨国际制度、法律规则和政府管理等方面进行制度的突破和创新。这一举措为西方发达经济体的经贸谈判提供了实证样本和参考依据，为我国全面深化改革开放提供了可借鉴的制度试验经验和可复制、可推广的新模式。除享有特殊政策优待之外，自由贸易试验区还允许全方位的改革，包括但不限于开放金融服务、扩大外商投资、构建新型对外投资体系等内容。与此同时，该试验区也在政府职能、法规制度、投资税收等方面进行了有益的探索和尝试。自由贸易试验区在特殊政策框架内进行全面的改革，旨在为经济发展提供更广阔的空间，并为国家的发展路径开辟新的可能性。自由贸易试验区与经济特区存在根本差异。首先，自由贸易试验区并非以经济特区所具有的“政策洼地”和相对隔离的特征为标志。与经济特区不同的是，自由贸易试验区试验的目的在于成功后进行全面推广，而经济特区由于本质原因不可能实现全面推广。其次，自由贸易试验区的试验主要集中在我国规划中尚未开放的领域进行尝试性的探索，旨在揭示开放后可能带来的潜在风险。再次，自由贸易试验区的核心问题在于澄清政府与市场的关系，这是其试验的焦点。最后，制度创新是自由贸易试验区一系列探索的根本动力，而非仅依赖特殊政策的推动。

目前，我国自由贸易试验区已在多个领域取得全面、深入的开放试验成果，包括深化商事制度、行政审批、事中事后监管、投资权益保护、服务业开放、贸易投资便利化、金融创新以及风险防控机制等方面。这些试验区和压力测试平台已经孕育出一系列可供复制和推广的管理制度和监管模式。随着六轮扩容的进行，我国自由贸易试验区的数量已达到 21 个，覆盖了国内的主要经济区域，形成了新的发展格局，表现出“沿海无缺口、内陆有特色、全面绽放”的特点。

2.1.4　内陆自贸区

自由贸易试验区是一项旨在推动经济发展的重要措施，其中包括沿海布局和内陆拓展两个关键方面。沿海布局主要是指在经济开放中侧重于沿海地区，形成外向型经济格局。与此相对应的是内陆拓展，即在内陆地区设立自由贸易试验区，旨在促进改革、释放政策红利并激发经济发展活力。在中国的区域发展中，东部、中部、西部发展不平衡一直是一个突出的问题。为了缩小地区之间的发展差距，特别是解决东部、中部、西部发展不平衡的问题，内陆自贸区的设立成为一项关键举措。通过在内陆地区建立自由贸易试验区，可以有效推动改革进程，释放政策红利，从而激发内陆地区的经济发展活力。开放被视为促进改革的有力手段，以开放促进改革的理念在内陆自贸区的建设中得到了贯彻。通过释放政策红利和激发经济发展活力，内陆自贸区不仅有助于推进改革，还能驱动经济增长模式的转变。这种转变以改革为驱动，以科技和创新为核心，逐渐替代传统的要素和投资驱动型经济增长模式。区域经济合作是内陆自贸区建设中的另一个重要方面，这一举措旨在通过承担沿边沿江协同开放和区域经济合作的功能，促进不同地区的协同发展，特别是在内陆型自由贸易经济带的探索中，把解决地区发展不平衡问题设为重要目标。在内陆省份推进自由贸易试验区，有助于形成全方位开放的发展格局，为中国的经济发展提供新的动力和机遇。

2.2　对外开放新格局理论

2.2.1　对外开放的概念

“对外开放”是中国的基本国策。1979 年，邓小平同志详细阐释了“开放”的内涵，其中包括积极吸引外国资金和引进先进技术，以加速我国四个现代化建设的步伐。他强调了学习国际上先进管理经验的紧迫性，意识到其对我国发展至关重要。1984 年，邓小平同志再次明确了“开放”的具体内涵，特别强调了对外经济开放和对内经济活化的紧密关联。此时，对外开放已成为推动中国经济发展的重要引擎。江泽民同志和胡锦涛同志在邓小平同志的基础上进一步深化和完善了对外开放的战略。他们提出并实施了“走出去”和“引进来”相结合的方针，旨在通过扩大对外开放，引入国际资金和先进技术，实现我国对外开放广度和深度的双重拓展。这一系列措施推动了我国对外开放水平的整体提高，使中国在全球经济舞台上扮演了更加积极和重要的角色。

新时代中国对外开放是在中国特色社会主义进入新的发展阶段后，习近平总书记推动的新一轮高水平对外开放。与以往单一方向融入全球体系的开放战略不同，新时代对外开放强调高水平对外开放，标志着中国在全球舞台上更加积极和深刻地参与。

在这一背景下，全球治理体系的改革与完善成为中国对外开放的核心工作重点。中国坚持以互利共赢为原则，通过推动重大战略措施，实现与世界的深度融合发展，为全球经济注入新的活力和动力。这一举措不仅推动了中国的高水平对外开放和高质量发展，也在全球范围内促进了经济的互惠共赢。中国的对外开放旨在推动世界治理体系的完善，并建设一个更加开放、公正和包容的世界经济体系。在这一过程中，中国积极参与全球治理体系的建设，致力于促进经济全球化的平衡发展，使各国在全球舞台上都能享有公平的发展机会。这一全球开放的愿景与中国提出的人类命运共同体理念相一致，最终目标是通过开放、合作和共赢，在全球范围内实现人类社会更加美好的共同发展。这标志着中国在新时代的对外开放战略不仅服务了国家的发展需求，更为构建人类命运共同体作出了积极贡献。

2.2.2 对外开放的理论研究

刘登攀（2019）指出，马克思的对外开放思想包含在其有关“世界市场”“世界历史”“世界生产”，以及“全球的生产”等方面的表述中。在这一观点的基础上，杜子清（1985）对马克思、恩格斯、列宁的对外开放表述进行了深入的分析。他们认为，马克思的“世界市场”理论构成了“对外开放”思想的理论基础，而列宁从当时的实际情况出发，主张与外国的资本主义进行合作，强调对外开放具有巨大的政治经济意义。颜鹏飞和刘昌明（2001）详细阐述了马克思的世界市场和经济全球化理论如何为中国的对外开放理论奠定坚实的理论基础，并说明了中国参与世界经济市场的必要性。赵玉华（2019）则从马克思、恩格斯阶段出发，全面梳理相关文献内容，对社会主义对外开放思想形成的过程进行了深刻的解析。夏建文（2002）对毛泽东对外开放思想的形成及其在经济中的运用进行了探讨。朱民强（2013）肯定了毛泽东提出的关于建设社会主义与中国工业化必须坚持“调动一切积极因素”的方针，并认为这是在总结共产国际经验的基础上，根据中国国情做出的明智选择。蓝庆新（2019）认为，毛泽东开启了中国与资本主义国家之间的联系，为对外开放打开了通道。在研究邓小平理论的过程中，王季鹏（2015）得出以下结论：对外开放是建立在马克思世界历史思想上的，邓小平认为中国与世界是相互离不开的统一整体，中国的发展与世界的联系不可分割，世界是一个开放的世界。杨振闻（2004）探索了邓小平社会主义思想的理论逻辑，特别关注了关于改善民生的论述，得出改革开放是改善人民生活的必然路径的结论。郑晓阳（2019）则论述了邓小平顺应经济全球化的要求，初步探索了对外开放问题。王德蓉（2014）详细论述了党的第三代中央领导集体如何在对外开放中掌握战略主动权的问题。李艳舒（2014）对江泽民如何推进中国特色社会主义道路进行了研究。郑冬晓（2010）认为胡锦涛在国内发展与对外开放的关系上运用了统筹兼顾的方法进行现代化建设。张玉伟（2014）阐述，胡锦涛树立了世界性的发展理念，拓展了对外开放的深度和广度。这些学者的研究和分析为理解中国对外开放思想的形成和发展提供了丰富而深刻的理论支持。

2.2.3 对外开放新格局的意义

在新时代，习近平总书记关于对外开放的重要论述成为引领中国对外交往的重要理念，其核心概念集中在构建全新的对外开放新格局上，具有深远的意义。为了推动改革开放进程，中国设立了21个自贸区，涵盖沿海、沿边和内陆地区，通过这一举措，鼓励各地区在自贸区的引领带动下，发挥各自经济优势和特色产业，积极进行制度创新和路径探索。

在当前时代背景下，对外开放新格局的建设旨在提升经济活力，扩大市场空间，并更好地参与国际竞争。政策与平台建设是关键一环，为各地提供了良好的政策环境和平台支持，使其能够更灵活地进行制度创新和路径探索，实现更高水平的对外开放。东部沿海地区一直是我国对外开放的“试验田”，但中西部地区地缘优势和政策支持相对不足，导致对外开放的空间布局极不均衡，沿海和内陆地区的经济差距越发显著。因此，打造对外开放新格局成为缩小地区差异、推动内陆经济发展的必由之路。在国际贸易领域，中国传统贸易规模位居世界前列，但国际竞争力和利润率相对偏低。在对外开放新格局的推动下，国际贸易产业将得到国家政策的更多支持，通过转型升级，实现做大做强的目标。特别是物流业，其作为制约和推动国际贸易发展的配套产业，将发挥更为重要的作用。

总体而言，新时代对外开放的思想和理论在我国经济发展中不断得到完善和发展，提出了对内陆发展、自贸区平台建设以及物流业推动的要求。这些方面将成为未来关注的焦点，为经济的全面发展奠定更为坚实的基础。

2.3 区域物流相关理论

2.3.1 区域的概念

“区域”（Region）是一个客观存在的、抽象的空间概念。区域概念具备广泛性，并未划分过于缜密与严格的界限。地球表面任一国家与地区的任一范围或数个范围均可定义为区域。由于研究对象具备差异性，各学科在区域概念界定方面也有所不同。地理学领域率先对“区域”概念进行界定，把“区域”界定为地球表面某一特定的地理单元，认为其主要由地表、地上部分高度、地下部分深度等构成，其特点在于具备相应的面积、样貌及范围；社会学指出，“区域”即人类在语言、文字、习俗、文化、信仰等社会因素方面具备一致性的聚居社区；政治学表示，“区域”由国家行政管理背景之下的行政单元组成；经济学表示，“区域”即在人类经济活动中形成，表现出特定地域特征的社会综合体。

区域概念在经济学领域尚未形成具备公信力与权威性的概念界定。当前我国学者更多沿袭 1922 年《全俄中央执行委员会直属俄罗斯经济区划问题委员会拟订的提纲》之中提出的区域定义：“所谓区域，应该是国家的一个特殊的经济上尽可能完整的地区。这种地区由于自然特点、以往的文化积累和居民及其生产活动能力的结合而成为国民经济总链条中的一个环节。”这一定义立足经济领域，具备一定认可度，迄今为止依旧得到广泛应用。1970 年，美国区域经济学家胡佛（E. M. Hoover）同样针对区域进行界定，即一个以研究、概述、掌控、规划抑或设置政策为方向，进行整体性分析的特定地区。其同样在区域概念界定方面有显著影响力与知名度。也有学者表示，区域实则为经济区域，即具备整体性特征的经济社会综合体。其又可分为经济网络、经济中心及经济腹地。综上所述，经济学领域区域概念表现为以下四个方面：

第一，区域属于相对有限的空间范围，是一个空间的概念。人类任何经济活动，不管其属于何等层级，均存在于特定区域空间之中，只是形式与坐落位置有所差异。

第二，区域是一个经济上尽可能完整的地区。完整，即区域经济结构具备一定完整性，能够与其他区域实现经济关联，同时具备独立性、自主性的发展特点。基于此，区域需要具备相应能力，能够有效控制和协调区域间以及区域内各类经济活动发展。其是区域必不可少的基础构成因素。

第三，区域存在于某一主权国家的界域内，中央政府或其代理者对区域在政治方面和经济方面具有控制权（如一级行政区和特殊地区）。政府借助一系列经济策略，带动区域经济活动有条不紊地发展，助力居民生活质量以及社会福利的全面提升。

第四，区域系统之中，任一区域均具备具体分工化的职能。区域，不仅是一个不与一国的行政区域界线相重合的自然地理区域，而且是在不同区域间分工和专业化的基础上，将经济联系紧密结合起来，在区域共同利益的基础上，将经济活动的内在联系考虑在内形成的一个国民经济体系。

区域之中具备五大核心要素，即内聚力、功能、结构、边界及规模。内聚力直接关系着区域内部的功能表达与结构组成，同样关系着区域边界以及区域程度。因此其在区域构设以及延伸过程中发挥着基础作用。内聚力存在差异，区域也可进一步划分为经济区域、行政区域以及自然区域等。

区域物流源于区域经济持续发展，然而，物流经济同样在国民经济之中发挥着举足轻重的作用。区域物流诞生于区域经济，自然也归属于区域经济。由此可知，区域物流以及区域经济二者相互关联，密不可分。

2.3.2 区域物流的内涵

如今，学术界尚未在区域物流概念界定方面达成共识，但其能够认识到，区域物流自身有着“区域经济”的特性。区域物流研究的正是在一定区域空间范围内进行的物流活动。区域物流概念有着相对性，如若观察角度有所差异，此时区域物流具体范围同样各有所指，既可能是某一国家、某一地区的物流，也可能是某一城市或某一村落的物流，其更偏向系统性与科学性等特征。1994 年，美国《物流手册》（*The Logistics Handbook*）同样对区域物流进行界定，即“区域物流是指在区域范围内的一切物流活动，包括包装、运输、装卸、保管、加工流通及信息传递等功能实体性的流动以及在物流过程中各个环节的货物运动”。2004 年，区域物流委员会（Regional Logistics Council）于雅典正式成立，其专项负责孟菲斯地区区域物资流动相关事宜，同时需针对区域经济发展进行跟进与分析。

冯耕中（2003）认为，“在一个国家、一个城市、一个经济区范围内的物流都属于区域物流，国内物流和城市物流是区域物流关注的重点”。

海峰等（2003）在《怎样认识区域物流》一文中对区域物流概念进行阐明：“区域物流是以区域经济的规模和范围为基础，以大型城市为中心，在一定的区域地理环境下，结合区域物流辐射范围，对区域内外的各类物品从供应地到接收地进行的有效实体流动；在区域物流基础设施的基础上，衔接铁路、公路、水运、管道及航空等多种运输方式，以及区域物流节点，且集成信息处理、包装、配送、运输、储存、装卸搬运及流通加工等基本物流活动，扩大区域物流辐射的范围和规模，为区域的经济发展服务，提高区域物流的效率和发展水平，提高区域经济的综合实力。”

王之泰（2005）在《新编现代物流学》一书中指出：“区域物流是指在特定区域范围内物流活动及相互之间进行的物流活动，这里的区域范围既可以是城市内部、国内，也可以是国际的特定区域。”

区域物流概念界定有着狭义与广义之分。基于狭义视角，区域物流为国家特定区域内物流的具体表现；基于广义视角，区域物流能够突破国别限制，形成规模庞大的自由贸易区。自由贸易区通常由政治、经济以及文化等领域具备类同性或相似性的国家共同构成。区域之中的成员国降低甚至消除关税壁垒，人员往来畅通无阻，实现地域联系与文化交流的密切关联，真正达到交通与信息网络的相互融合。基于此，区域之内各国物流已然突破国家范畴，具备显著的整体性。

2.3.3 区域物流的特点

区域物流通常表现为地区物流以及地方物流等形式，其特征主要表现为地域性、中心性、适应性、独立性、开放性、距离经济性等。

（1）地域性

区域属于地域空间之中的概念，作为地域中的重要组成部分，其同样有着局部概念的性质。不同区域必然在特征方面各具特色，因此区域物流同样存在显著的地域性。区域物流的先决条件，正是空间资源差异性。空间资源具体分为自然资源以及社会资源，自然资源源于自然，社会资源则是源于历史推进与发展。各地区社会资源往往存在差异性，主要表现在文化习俗、经济储备、科技发展、教育水平以及劳动力分配等方面。任一区域在空间资源配置方面均不会绝对一致，这就使得区域物流呈现出多样性与差异性等特征。

（2）中心性

在各地区物流系统的建设和发展中，区域中心城市以及相关的区域区位因素扮演着至关重要的角色。这一点在区域物流形成与拓展过程中表现得尤为显著。区域区位因素作为决定物流运作的重要考量，直接影响整个区域物流体系的建立和扩张。与此同时，这些因素也是区域经济发展的核心组成部分。特别值得注意的是，大中型城市在推动区域物流的发展中具有独特的基础价值。这些城市不仅是物流活动的发源地，也是区域经济发展的关键所在。拥有交通干线地位的城市（如北京、武汉、郑州等），以及依托天然临海优势的城市（如广州、深圳、青岛等），都在区域物流网络中扮演着不可或缺的角色，成为关键的物流节点和集散地。区域中心城市作为区域物流活动的中心，通常位于交通枢纽处，并且拥有雄厚的物流基础设施。政府颁布的扶持性政策引领了区域物流产业的健康发展，为中心城市发展提供了有力支持。因此，可以得出结论，区域中心城市是促进区域物流产业和区域经济协同发展的关键中心，其在整个区域发展中的引领作用不可忽视。

（3）适应性

区域物流的进步与有序发展紧密关联着整体区域经济水平的提升。这表明区域物流体系的稳健建设取决于区域经济的不断改善。如果缺乏强大的区域经济支撑，区域物流将失去其实质性意义。因此，可以说，区域经济的不断进步是促使区域物流蓬勃发展的基石，在确保区域物流与区域经济发展协同并保持协调性方面，有至关重要的意义。只有当区域物流与经济系统之间存在紧密的互动关系，它才能真正为区域经济的可持续发展夯实基础。这种协同性和协调性确保了物流网络的高效运转，为区域内企业提供了更顺畅、可靠的供应链服务，从而推动整体经济的良性循环。因此，区域物流的繁荣发展离不开与区域经济的紧密互动。只有保持双方之间的协同性和协调性，才能真正实现区域物流对区域经济可持续发展的积极贡献，巩固并推动整个区域的经济繁荣。

（4）独立性

基于区域定义可知，事实上，其正是区域之中不同物流主体之间，以及物流主体与其他经济利益主体之间在社会、文化上趋于一体，在经济上紧密联系的空间范围。因此区域之中的不同物流主体实则有着一定的独立性，再者，不同区域同样具备独立性，区域彼此之间有着明显区分，同时功能性亦有着显著差别。区域物流属于区域经济的具体组成之一，因此属于具备独立性与自主性的利益主体。通过对区域物流发展水平的深入分析，我们能够全面了解各地区的经济水平情况。在区域范围内或不同区域之间进行的物流竞争表现出合理性和科学性，这种竞争对推动国民经济的发展起到了积极的促进作用，同时与市场经济的实际需求相契合。在国家层面上，经济相对发达的地区和经济相对落后的地区通过自然资源、劳动力、资金等方面的相互交流与互利合作，在国家宏观调控的引导下互相支持、互相帮助，从而实现了区域经济共同、协调、可持续的发展目标。

（5）开放性

具备独立性的区域，通常能够基于总体目标指引，实现自身体系的革新与升级。其能够保持持续性，与外界展开物质与能量的有序交换，而非维持封闭区域。毫无疑问，开放性正是确保其生产位置可靠性的关键一环；如若缺乏具备导向作用的总体目标，区域发展很可能停滞不前，封闭僵化。

（6）距离经济性

区域物流运输费用往往会在区域物流运输距离趋升的背景下逐步降低，其能够在划分区域物流之中发挥关键作用。如若处于健康和谐的区域物流市场环境，区域物流企业需要认识到距离经济性规律，尝试选择最具性价比的运输形式，选择更具可靠性的运输距离，有助于实现物流费用的有效控制。因此，区域物流企业必须对距离进行把控，尝试在最佳距离范围之中展开相对应的区域物流运作。此举有助于确保区域物流企业在给予顾客更高效、更可靠的物流服务之余，获取可观的利润。

2.3.4 区域物流系统的概念

现代物流理论往往基于系统思维，对物流活动进行综合性分析。其将物流视为整体——物流系统，即于特定时间与空间之中，由所需运输的物料和有关设备、输送工具、仓储设备、人员以及通信联系等若干相互制约的动态要素构成的具有特定功能的有机整体。

区域物流系统，实则正是统筹位于区域物流之中相互影响、相互作用、密切关联的各类因素，进而带动区域经济系统整体革新与延伸的宏观系统。区域物流系统三大组成因素，则是主体、客体以及载体。主体，即直接参与或专门从事区域物流活动的组织者；客体，即区域物流对象，是一切在物流主体之间进行定向循环运动的物质实体；载体，则是确保物流活动有条不紊、循序渐进的先决条件。

2.4 系统动力学理论

2.4.1 系统动力学概述

系统动力学首创者是美国学者福瑞斯特（Jay W. Forrester），20世纪50年代，其针对系统动力学进行了体系性的阐释。在此之后，系统动力学开始应用于工业管理之中，工业动力学（Industrial Dynamics）随之诞生。后续其亦被应用于城市综合研究范畴，此即城市动力学模型（Urban Dynamics）。1961年，Forrester的《工业动力学》面世，该著作被誉为系统动力学理论与方法研究的“宝典”。20世纪70—80年代，系统动力学步入发展黄金期，随着技术的持续革新，应用领域更是百花齐放。系统动力学开始应用于工业、农业、交通、能源、产品开发、城市规划、国民经济计划、人口、生态等诸多领域之中，均有着良好表现。实践之余，系统动力学理论与方法日益健全，为后续系统动力学的持续拓展夯实了根基。

什么是系统动力学？简单地说：“系统动力学是一门对信息反馈系统的动态结构和行为进行分析研究的学科，是一门认识系统问题、解决系统问题的综合交叉学科。系统动力学是将系统科学理论与计算机仿真技术紧密结合起来，面对实际中的复杂问题，将信息反馈的控制原理与因果关系的逻辑分析有机结合，建立系统内部结构的系统动力学模型，应用计算机仿真技术对系统的宏观行为进行分析，从而寻求解决问题的正确方法。”

系统动力学理论的核心理念，承袭于系统工程之中“凡系统必有结构，系统结构决定系统功能”的理念。其并非借助随机事件抑或外部影响等对系统行为特性进行分析，而是基于系统内部结构视角，对系统内部不同要素关联性进行分析，进而寻找问题的本质。举例而言，美国能源模型针对能源问题进行分析时，并非根据环境变化，或沙特颁布石油禁运令等相关外部因素进行诠释，而是聚焦美国人日常习惯、政府决策，以及相对应的约束条件，借助系统动力学完成能源模型的构建。系统动力学正是基于系统整体思维，尝试对系统之中存在的相应问题进行针对性分析。

系统动力学并非基于系统进行设置，而是围绕问题展开，即基于某一系统问题设置系统动力学模型，如资源短缺、交通堵塞、教育质量降低等，而不是考虑整个生态系统、交通网络、教育系统的各个方面并建立庞大的系统模型。

20 世纪 70 年代，我国学者已然尝试基于系统动力学理论展开相关探究，经过 50 多年的摸索与积累，现如今系统动力学作为具备有效性与先进性的工具，开始普遍应用于经济学以及管理学等相关研究之中。

2.4.2 系统动力学的基本观点

系统动力学是一种研究方法，它将定性分析和定量分析巧妙融合。在这个方法中，定性分析起着主导作用，定量分析则充当支撑角色，二者相互协调，各自发挥优势，最终实现解决问题。通过借助系统动力学理论和方法，我们可以深入研究实际问题，构建定性和定量的系统动力学模型。进一步地，借助计算机仿真技术，我们能够对社会经济问题分别进行定性和定量分析，从而为决策者提供重要的支持。

（1）系统的结构和功能

系统属于结构与功能具备统一性与协调性的整体。基于系统动力学观点，系统结构的内涵是指：第一，系统内部反馈回路的结构及其之间的相互作用；第二，构成系统的各子结构及其之间相互制约的关系。因此可以借助系统的结构及功能等，描述系统的具体组成以及行为表现。特定背景之下，系统结构及功能具备的对立统一关系可以相互转化。基于此，当针对系统展开相应研究时，可以借助重复交叉这一形式，对系统结构与功能展开分析，进一步构建呈现实际系统的模型。

（2）系统结构的描述

对社会经济系统进行分析时，需认识到反馈回路有三大构成部分，即流位、流率以及信息。系统动力学体系下，借助反馈回路，可以针对复杂系统结构展开相应描述。系统功能与行为，则基于反馈回路交叉以及相互作用等进一步达成。再者，反馈回路相互作用往往受环境变化影响。基于系统内部特征，借助分解原理可以对系统进一步拆分，使其表现为一系列子系统。然而只有少数子系统具备重要价值。

2.4.3 系统动力学的特点及适用性

（1）系统动力学的特点

系统动力学模型是一种用以描述生态、经济和社会等复杂大系统的综合性“实验室”。为了解决系统动力学问题，关键之一在于构建具备系统性和科学性的数学模型。通过深入挖掘系统内部结构，建立相应的数学模型作为解决问题的关键一环。同时，充分利用计算机仿真技术，对系统结构的功能和动态行为关系进行深入研究，以制定切实可行的问题解决方案。

①系统动力学涵盖了对高阶次、多变量、非线性、多反馈以及时变等复杂性系统问题的研究，不仅可以在宏观和微观层面深入探讨多

层次和多部门的复杂性大系统，而且其研究对象明确定义为开放系统。系统动力学强调关注系统的运动、联系和发展，着重指出系统内部动态结构和反馈机制对系统行为模式和特性的决定至关重要。这种综合性的研究方法能够更全面、深入地理解系统的运行规律和特性，进而提供有效的问题解决策略。

②系统动力学是一门运用系统分析、综合推理以及定性与定量相结合的方法来解决问题的学科。其模型实质上是对系统的“结构—功能”进行模拟，采用“白化”技术，推动不良结构朝着“良化”方向发展。将系统动力学模型比喻为实际系统的“实验室”，应用该模型进行深层次分析，获取关联信息，以便找到解决问题的措施。系统动力学在不同领域，如生态、经济和社会等方面，兼具定性和定量的形式，从而能够完成全面的动态研究，为经营管理提供更先进和科学的支持。系统动力学在解决问题时采用的思路实际上是一个寻优的具体流程，通过进一步寻找系统最优结构和关联参数，最终实现获取系统功能最优解的目标。

③系统动力学领域引起人们注意的一个显著方面是建立高效而健全的模型。这些模型对系统基本结构中的分类变量进行组合，利用辅助方程以定性、半定性或半定量的方式进行描述。实现模型规范化对于确保有序的思想交流和沟通至关重要，因为它能够使我们更深入地分析问题并进行假设性政策实验。在处理复杂系统问题时，模型规范化的明显优势，有助于确定混乱部分，并有效地避免直观误判、情绪激烈以及措辞模糊等问题。

④系统动力学建模是逐步学习，逐步调研的具体流程。其能够有效搜集系列资源、数据、信息，掌握实践经验与所学知识，亦能够带动建模人员、专家群体以及决策者有机融合，确保系统学科之间相互补充，凸显优势。

（2）系统动力学的适用性

系统动力学模型犹如实际系统中的虚拟实验室。通过对信息反馈系统的构成、行为、功能等动态关联进行研究，系统动力学模型展示了其独特的优势，并成功应用于各种系统中。这种方法能够模拟社会系统未来的行为，为制定更切实可行的战略决策提供了可能性。

①适用长期性、周期性问题的研究。社会经济系统普遍面临显著的周期性波动问题，分为外生和内生两大类。外生周期性波动理论认为经济系统的周期性波动主要受外部因素影响，而内生周期性波动理论将原因归结为经济系统内部。系统动力学模型的运用为我们提供了一种准确分析社会经济系统周期性波动特征的方法。同时，系统动力学在解决长期性问题方面也展现了出色的适用性。通过延长仿真时间，系统动力学仿真能够轻松应对社会经济系统的较大惯性问题。这使我们能够更全面地理解和处理社会经济系统中的周期性和长期性问题。

②适用数据不充足、精度要求不高的研究。在研究社会经济系统时，受条件所限，经常面临数据不足或者难以量化参数的挑战。社会经济系统具备一系列反馈环，往往使得系统行为模式对参数不具备明显的敏感性。基于此，虽然不具备充足数据，但若估计参数处于允许区间，系统动力学模型可针对系统各类问题进行模拟。

③适用高阶非线性问题的研究。社会经济系统问题的复杂性在于它们不能简单地通过线性形式表达，通常表现为高阶非线性。传统线性规划方法在面对该问题时往往捉襟见肘。系统动力学则采取了计算机仿真技术，能够更有效地获取完整信息。基于建立数学模型模拟系统这一形式，系统动力学能够更有效地针对动态特征以及不同变量间存在的反馈与协同影响展开研究。

2.5 物流供需均衡理论

2.5.1 物流需求

(1) 物流需求的定义和构成

物流需求是指一定时期内社会经济活动对生产、流通和消费领域的原材料、半成品、成品、商品和废旧物品等在空间、时间等方面有关位移及其相关服务的要求。物流需求主要体现在位移数量以及位移质量等方面。位移数量方面，物流需求涵盖时空之中进行移动的物资类别以及规模，其可量化，因此亦被命名为物流需求量。位移质量方面，物流需求指代时空之中进行运动时应当保持的服务水平，如速度、费用、安全性、可靠性、可得性等以及相应的信息沟通和资金结转要求，统称物流需求水平。此类内容很难进行直接量化，因此更多基于相对指标以及经验数据等予以分析。

物流需求的构成主要包含三个方面，即物流需求规模、物流需求水平以及物流需求结构。在这三个层面上，物流需求呈现出不同的特征。首先，物流需求规模指的是对特定区域内物流需求量的具体计算和评估。实际上，这与区域经济发展的整体水平和规模密切相关。具体而言，区域经济规模直接关系到区域物流需求的具体情况，可以说，其是最为关键的影响因素之一。其次，物流需求水平通常指的是对区域内物流服务水平的实际需求。这一水平受区域经济运行效率的直接影响，与区域经济发展和企业经营水平密切相关。在区域经济繁荣或企业经营水平显著提升的情况下，物流需求水平也相应地保持在更高的区间。最后，物流需求结构指的是不同类型物流服务的配比情况，这取决于各个区域内部的产业结构分布。不同区域的产业结构存在差异，因此物流需求结构也呈现出一定的多样性。以资源型区域为例，农业、矿业或重工业等行业大宗物品的物流需求显著，涉及农业初级产品、原材料产业以及能源型产品，如粮食、钢材、水泥、煤炭、有色金属、建材等。其物流附加值往往保持在更低区间，常应用水运或铁路运输等，侧重成本性。与此同时，其对水路、铁路基建有相对更高的要求。某区域以轻工业或制造业、加工业为主体，甚至以第三产业为主体时，由于流通物资重量与体积较小，因此物流附加值相对较大，航空运输需求更具显著性。

（2）物流需求的特征

物流需求是社会经济活动发展的客观存在，特征表现为：

①派生性：物流需求是一种派生需求。它是跟随生产、流通、消费而出现并发展变化的。

②时间性：物流需求具有时效性，失去时限的物流活动也就失去了经济性。

③空间性：物流需求是依赖于空间分布而存在的。空间分布不仅是触发物流需求的客观原因之一，也影响着物流活动的形式、规模和成本。

物流需求正是派生性、时间性以及空间性的共存体。如若其中任一特征缺失，则其非真正意义上的物流需求。同样，物流活动的经济意义更是不复存在。

2.5.2 物流供给

（1）物流供给的定义和内容

物流供给，即物流服务的提供，是指在一定价格下，物流企业向社会提供运输、储存、装卸搬运、流通加工、包装及物流信息等服务的能力。物流供给资源包括实体资源，通常这些资源会经历一系列的转变，形成以凝聚时间与空间为基础的相应服务。这些实体资源主要涵盖物流基础设施，如货运机场、货运铁路、公路、港口、货栈以及各类仓库；物流设备，如运输车辆、船舶、叉车、搬运车、起重设备、分拣机以及物流信息系统等；此外，还包括一些综合了基础设施、物流设备以及服务资源的配送中心和物流园区等。

（2）物流供给的特征

①灵活性。物流供给的灵活性体现在其能够快速适应外部和内部变化的能力上。这种灵活性使得供应链系统能够有效地应对市场需求的波动，通过实时库存管理和技术创新，灵活调整运输和配送方案。同时，物流系统的灵活性也体现在与供应链伙伴的协同合作上，其可以更好地适应不断变化的环境，确保提供高效、可靠的物流服务。这对面对市场的不确定性和快速变化具有关键性的意义。

②复杂性。物流供给的复杂性表现在其多层次、多环节、多因素、全球化和动态变化等多个方面。供应链涉及从原材料采购到生产、仓储、运输、最终产品的配送等多个层次和环节，同时受市场需求、政策法规、技术创新等多因素影响。全球化趋势使得物流链跨越国界，涉及不同文化和法规，增加了管理难度。动态变化的市场、技术和竞争状况要求系统具备灵活性和适应性。这种多元化和相互依赖性使得物流供给的管理需要全面考虑，以确保整个供应链的高效运转。

③网络性。物流供给的网络性体现在其多节点连接，分布式结构，信息流、物流和资金流的交互，以及多模式运输等方面。这个复杂而庞大的网络系统通过连接供应商、生产商、仓储商、运输商和最终客户等多个节点，实现了高效的物流运作。分布式结构有助于覆盖广泛的市场和服务区域，而多模式运输提供了更灵活的选择，包括陆路、海运和航空等。这一特征不仅要求信息的实时传递和高效的协同作用，也依赖先进的技术支持，如物联网、大数据分析和人工智能。这种网络结构的灵活性和弹性使得物流供给能够适应市场的变化和需求的波动，确保整个系统的高效运转。

2.5.3 物流供需均衡

（1）物流供需均衡的内涵

物流供给与物流需求相生相伴、彼此相依（见图2－1）。特定阶段，当物流供给能力很难契合物流需求时，物流需求将会受到抑制；当物流供给能力高于物流实际需求时，则会致使物流供给白白耗费。针对区域物流系统供需平衡展开相应分析，基于供给与需求相互作用这一机理，可以找到更具契合度的物流供给，使其满足物流需求，维持二者之间的均衡性。进一步确保区域物流活动维持可靠的效益与理想的效率，为区域经济协调发展夯实根基。

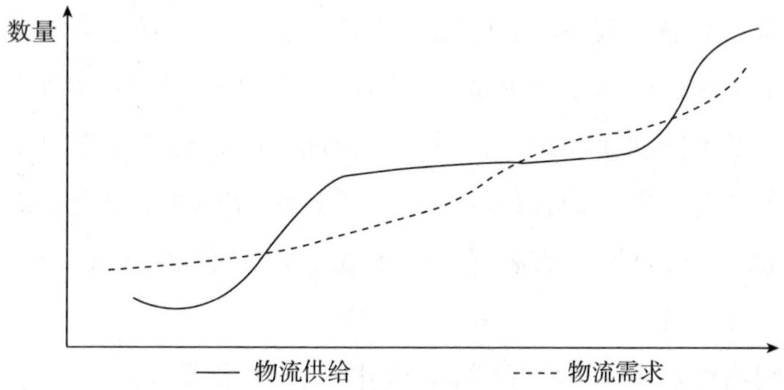

图2－1　物流供需发展示意图

物流属于区域社会系统之中的重要元素，也是从社会活动以及经济活动的需求之中派生出来的。这就使得物流系统发展往往与社会和经济发展密切关联。基于经济发展一般规律，在经济发展的任一阶段，社会中的物流供给与物流需求均维持着“不平衡—平衡—不平衡”的循环，物流业发展与经济发展同样呈现出螺旋推进的趋势。

常规物流系统建设，致力于建设规模庞大的物流园区，增加数量众多的物流设备，其仅参考了物流供给范畴的措施。物流供需发展实则表现为螺旋推进式特征，物流供给与物流需求二者之间关联性的具体体现，决定着物流必须同时聚焦供应以及需求两大维度。确保物流业与区域社会经济环境和谐发展，此举正是具备科学性与有效性的可持续发展模式，针对物流供需平衡展开深层次分析，有助于给予物流系统规划更具可靠性与合理性的支持。

物流产业均衡又可分为外部均衡以及内部均衡。所谓外部均衡，即物流供给与需求之间的均衡体现。内部均衡，则着重描述物流产业供应链资源配置效率的均衡。

（2）外部均衡：物流供需均衡

物流市场供需均衡，有着古典市场均衡分析的相关特征，表现为：

①市场均衡并非人为，实则属于经济运行内在形成的自然趋势，物流需求具有派生性，是生产与消费之余形成的派生需求；物流供给同样基于需求的出现而生成。事实上，不管企业还是个人，对物流供给产品进行选择时往往都能够保持理性，因此市场能够维持均衡。

②组织与维持市场均衡的主要力量，则聚焦于市场自身，以及与之对应的自动机制。毋庸置疑，对物流市场进行分析时，应认识到其价格、供给、竞争等具备协同性与相互性，进而形成掌控市场发展与运行的自动机制。物流业从无到有，已发展20余年。每年均会有企业涌入，同样有企业黯然退出，亦有企业脱颖而出，稳步发展。此举正是市场机制的理想诠释。

③市场均衡力量源自“利己心”。物流市场绝大多数供需方行为，实则正是基于自身利益最大化展开。

④市场买卖双方均具备充沛的市场自由。整体而言，企业享有自由进出物流市场的权利，然其所需成本基于供应链位置差异性有一定区分。

⑤市场均衡同样依赖政府力量的适度干预。得益于“政府之手”，市场能够进一步保持均衡。当前物流市场寄希望于借助政府干预，缓解公共物品以及公共信息存在的不对称行为，同样寄希望于政府利用

一系列政策工具缓解利益冲突，维护市场体制。

古典均衡理论对产业发展的重要性在于，它将均衡视为实现稳定发展的基石。这种均衡状态可能是短期的或者长期的，实际上，市场处于持续演变的动态均衡之中。均衡的实现为高效率创造了条件，激发了有效竞争，推动了科技的不断进步和财富的积累，从而形成了产业发展的强大动力。在这种理论框架下，均衡被认为是推动经济繁荣和可持续发展的重要引擎。

（3）内部均衡：物流产业供应链均衡

供应链是“生产及流通过程中，涉及将产品和服务提供给最终用户活动的上游与下游企业所形成的网链结构”。完整的物流服务是通过行业内多个企业之间的相互供应，形成一个紧密相连的物流服务链来实现的。

不同物流企业于供应链之上的空间进行集聚，形成区域物流产业（网）链。不同成员通过竞争与协作，确保物流产业链保持均衡性。物流产业链最重要的成员涵盖七类：

①物流基础设施提供者。物流基础设施是构建现代物流体系的关键要素，包括交通运输网络、仓储设施、物流信息系统和物流节点。交通运输网络提供多种运输方式，确保货物迅速、安全地流通；仓储设施提供了临时存储和管理货物的场所；物流信息系统通过现代科技实现实时监控和数据分析，提高运营效率；港口、货运站等物流节点，提供了货物装卸和转运的基础设施。这些基础设施共同构成了一个协调有序的物流网络，支撑着产品从生产到消费的顺畅流通。大多数物流基础设施具有公共物品性质，因此需要依赖政府主导的投资，并由政府引导相关事宜，如资源维护和使用分配。

②物流设备提供商。物流设备提供商不仅负责供应单一的物流设备，而且提供集成的物流自动化设备，通常涉及制造、机械、电子等多个行业。

③功能性物流企业。功能性物流企业是指专注于特定物流环节或

功能的企业，其主要业务目标是提供相关领域内的专业服务。这些企业通常专注于满足市场对某一特定物流功能的需求，以提高效率、降低成本和提供更精细化的服务。功能性物流企业可能涉及不同的业务领域，如仓储、运输、信息技术等，其特点在于专业性和专注性，以满足客户在特定领域的物流需求。这种专业化的经营模式使得功能性物流企业能够在特定领域内提供更为专业、高效的服务，有助于整个物流体系的协调和优化。

④第三方物流企业。第三方物流企业是一种独立的服务提供商，专门为其他公司或企业提供全面的物流服务。这类企业独立于生产和销售企业，专注发展执行物流活动，包括货物运输、仓储管理、配送、信息处理等。通过外包物流服务给第三方物流企业，公司可以专注发展其主营业务，同时利用专业物流公司的经验和资源来提高效率、降低成本，并更好地适应市场需求和变化。

⑤物流信息系统供应商。物流信息系统供应商是专门提供物流信息技术解决方案的公司。它们致力于开发和提供软件、平台或系统，用于优化和管理物流过程中的信息流。这些供应商的产品和服务包括订单处理、库存管理、运输跟踪、数据分析等。

⑥物流咨询企业。物流咨询企业致力于为客户提供专业的物流和供应链管理咨询服务，通过深入分析和借助专业知识，优化客户的物流流程，降低成本并提高效率。这些企业通常提供战略规划、流程优化、技术应用和供应链可持续性等方面的咨询。

⑦物流需求者。物流需求者是指在供应链中需要物流服务的个体或组织，包括生产企业、零售商、批发商以及其他各类企业和个人。

前 6 类成员均归属物流产业，因此属于物流市场供给方；第 7 类成员则属于需求方。因此就狭义角度而言，第 7 类成员并非物流产业中的一员，然而其同样对其他成员的行为有一定影响。

2.6 理论应用

2.6.1 供需均衡理论应用

物流市场供需不均衡是指供给和需求之间存在差异，这一状况是当前物流产业中供给与需求矛盾的具体表现。这种不均衡主要分为两种形式：

①供给小于需求。这种情况下，市场上的物流服务供给不足以满足日益增长的需求，可能是因为产业快速发展，需求增长较快，而供给方在短时间内无法满足市场需求。这可能导致物流服务不足、延误、成本上升等问题，对整个供应链产生负面影响。

②供给大于需求。供给方提供的物流服务过剩，而市场的需求相对较低。这可能发生在产业不景气、市场萎缩或者供给方扩张速度过快的情况下。过剩的供给可能导致竞争激烈、价格下跌、资源浪费等问题，对供给方造成压力。

这两种情况表明物流市场存在不平衡的状态，需要通过合理的市场调节机制、政策引导以及供需双方的协同努力来达到供需平衡，从而实现更加稳健和可持续的物流发展。

2.6.2 区域物流系统动力学分析

（1）目的

一直以来，区域物流系统在国民经济体系之中发挥桥梁作用，更是社会生产与生活的基础所在。区域物流系统与国民经济保持何等关联？运输需求与供给怎样拓展区域物流系统？因果反馈结构怎样影响区域物流系统表现？信号短缺对区域物流系统能够起到怎样的控制效果？各类区域物流系统发展策略又将对社会经济产生怎样的影响？上述一系列问题在理论范畴均需具备逻辑清晰、层次分明的框架，同时针对其展开相应的定性分析与定量分析。诚然，计量经济学以及运筹学等传统学科能够在通用领域中起到一定作用，但其很难在面对上述问题时面面俱到。系统动力学则能够更有效地补足缺陷，解决问题。

系统动力学并非完美无缺，其自身同样存在问题。举例而言，建模存在显著主观性，过于突出艺术性，忽视参数估计方法的科学性，很难在系统结构变化方面发挥作用，等等。因此需要尝试应用各类方式相互补充，协同发力。总而言之，应立足于系统动力学理论，统筹定性与定量方法，针对区域物流系统体系以及发展机制展开相应分析，针对政策实验展开验证，进而阐释对应策略，带动区域物流持续发展。

（2）要素

区域物流系统动力学分析要素主要分为以下五点：

①目的。目的属于决策的前提条件。寄希望于设置区域物流系统最优方案，区域物流系统必须对人员需求进行把握，同时立足区域物流系统建设需求与规范，对区域物流系统构成、规模以及范围等进行明确。

②可行方案。可行方案，即为实现某一目的，设置数个相互替代、各具作用的方案。找到最科学、最高效、最先进的区域物流系统方案。

③模型。模型常被运用于描述具体区域内的物流系统，其主要作用在于对相对复杂的问题进行简化处理。即使尚未建立实际的区域物流系统，通过模型也可以获取设计该系统所需的参数，同时判断制约条件。通过建立区域物流系统模型，可以准确评估不同替代方案的成本、收益和性能表现，为进行方案比较奠定坚实基础。

④费用和效益。在比较、分析和选择方案时，费用和效益是关键的考虑因素。费用指的是实施方案时产生的实际支出，而效益是在达到目标时所获得的成果。通常来说，若将费用和效益转化为货币形式进行比较，一个设计合理且可取的方案应当表现为效益大于费用。这意味着方案的实施将带来比投入更多的经济回报，为其选择提供了经济上的合理性。

⑤评价基准。评价基准是在区域物流系统分析中确定替代方案优先级的标准。基于评价基准对不同替代方案进行综合评估，可以获得它们的优先顺序。这个评价基准通常取决于实际的区域物流系统情况，评估方案的基本方法则是对费用、效益等因素进行比较分析。这样的评估过程有助于在各种可行方案中做出明智的选择，确保所选方案能够在整体效果上更好地满足区域物流系统的需求。

(3) 原则

区域物流系统具备综合性与复杂性，由一系列相互影响、彼此作用的关联要素共同构成。基于此，针对区域物流系统展开系统动力学分析时，需要重视以下原则：

①区域物流系统与系统环境相结合。企业的物流系统不仅与市场状态的发展和社会经济趋势等外部环境密切相关，也与企业内部因素息息相关。这些内部因素包括员工的技术和文化水平、企业的生产规模、产品的技术特征以及管理组织和制度等。

②局部效益与整体效益相结合。在研究区域物流系统时，常常会面临区域物流子系统效益与整体效益相矛盾的问题。一些方案在区域物流子系统层面和整体层面均表现出理想的效益水平。有些方案则在区域物流子系统层面表现出经济效益，但区域物流系统的整体效益并不乐观，这种情况使得方案缺乏合理性，需要更细致地研究和优化以实现整体效益的最大化。

③当前利益与长远利益相结合。对方案展开优化时，需要兼顾当前利益与长远利益，二者兼备的方案才能够称为真正意义上的理想方案。若方案仅聚焦眼前利益，忽视长远利益，此时需要基于整体视角统筹观之。区域物流系统同样如此，兼具眼前利益与长远利益，才能够在真正意义上发挥系统作用。

④定性分析与定量分析相结合。在进行区域物流系统动力学研究时，需要综合运用定性分析和定量分析，遵循“定性—定量—定性”的方法论。通过深入了解区域物流系统因素的特征，可以构建成熟的

数学模型，从而对区域物流系统各组成部分的定量关系进行深入探讨。只有确保定性分析与定量分析完美融合，才能够真正实现对系统进行优化的目标。

（4）步骤

对区域物流系统进行研究时，通常从以下四个方面展开，即问题界定、数据搜集、问题分析及系统实施。

①问题界定。问题界定与区域物流系统设计密切相关。因此对区域物流系统进行界定时，必须统筹考虑新系统期望值、选优方案准则、运作规划及约束。面对区域物流系统问题时，则应当注重对以下问题予以分析：

第一，系统目的。企业制定物流系统的发展战略时，必然需要紧密关联物流系统的目标。同时，也需要认识到物流系统网络及其组成部分与物流系统发展战略之间存在关联。建立科学而成熟的物流系统需要全面考虑最大化顾客效益、最小化资产费用和运营费用等多方面因素。系统目的在区域物流系统问题分析中具有至关重要的作用，并与后续的工作密切相关。在设计和确定区域物流系统目的时，全面性、长期性、效果性、明确性、可行性、标准性、有序性和适应性，为区域物流系统的规划和优化奠定坚实的基础。

第二，系统水平。系统水平的影响因素还包括物流网络的规模、设备成本以及可利用的资源等。此外，系统水平也与物流系统规划的类型密切相关，对长期规划和短期规划产生不同程度的影响。

第三，产品属性差异。产品属性差异则直接决定着区域物流系统的具体类型。

②数据搜集。数据搜集是指对必要数据和数据源进行明确定义，对可用数据的具体类型、充分性和可靠性等进行详细分析。此外，还需要对不可用数据进行分析。在进行数据搜集时，不仅要关注可用数据的丰富性和可靠性，还要考虑对目前不可获得的数据进行深入分析。

③问题分析。为了明确系统的目的和具体功能，首先需要概述系统轮廓并设置相应的系统模型，然后展开深层次的研究。系统模型用于阐释系统特定属性，并通常基于不同类型的模型组合来综合呈现系统。模型不仅能表达系统的功能属性，还能展现系统的构造属性。建立系统模型具有重要的价值和深远的意义。建模的首要任务是找准主要因素，以有效呈现系统在某一方面的基本属性。模型需要具备简洁性和清晰性，适当简化次要因素易于分析和理解，并应尽可能使用简易数学方式表达。模型还需要保持与其他模型的衔接性，详细程度应与数据来源和数据精度保持一致。建模的具体步骤包括确定系统目的与功能、挑选变量与参量、构建大体模型、划分子系统、构建子系统模型、构建衔接与关联模型、整合系统总体模型，并基于仿真方法进行检验。建模是一个反复的过程，完成后可以基于模型进行分析，并通过计算仿真深入研究。

④系统实施。系统实施是区域物流系统分析的最后阶段，主要体现在两个方面：首先，对系统进行判定和分析系统灵敏度，确保系统能够准确地反映现实情况；其次，对用户进行培训和检测，以确保用户能够熟练地操作系统，并能够充分利用系统提供的分析结果。

3

陕西自贸区物流系统现实基础

3.1 自贸区的发展现状

3.1.1 自贸区发展的历史进程

自贸区的发展历史可分为四个阶段。第一阶段，自贸区的概念起源于16世纪中期的意大利热那亚格雷亨港，随着资本主义手工业和航海业的兴起，自贸区在欧洲城市和港口迅速兴盛，并逐渐向西欧沿海与波罗的海扩散。第二阶段，自18世纪中叶至20世纪40年代，随着两次工业革命的爆发，自贸区的范围扩展到欧洲、加勒比、亚洲和非洲等地。尤其是在第二次工业革命之后，德国汉堡成为欧洲大陆上现代自贸区的发源地。随着第一次世界大战的结束，美国的自贸区开始崭露头角。1934年，美国议会通过了《对外贸易区法案》，该法案允许在美国各地设立自贸区，标志着自贸区在美国开始蓬勃发展。第三阶段，自第二次世界大战结束至1960年，经济的恢复与繁荣推动了自贸区的重建和新建，成为促进经济增长、出口和就业的激励措施。在欧洲，许多自由港和自贸区经历了重建和新建的阶段。与此同时，亚洲部分地区和国家，包括中国香港和新加坡，以及大量的拉丁美洲和加勒比国家，自贸区得到蓬勃发展。第四阶段，自20世纪60年代至今，自贸区逐渐发展为以出口加工为主的工业型自贸区，率先出现在东南亚、中国台湾、墨西哥等新兴经济体或发展中国家，后来又涌现出综合型自贸区。综合型自贸区由贸易物流型向生产型、服务型、科技型、金融型等复合功能拓展，其范围涉及世界各地，特别是东亚与中东地区的各类自贸区发展日渐成熟。这表明自贸区已经成为许多国家和地区实施经济发展战略的重要依托。

3.1.2 自贸区的发展特点

（1）综合功能的拓展

自贸区不再局限于单一的贸易活动，而是逐渐拓展和整合多个方面的功能，综合功能包括但不限于进出口贸易、转口贸易、仓储、商业或工业性简单加工、商品展示、金融、货运等多个方面。这种趋势反映了自贸区在促进跨境贸易的同时，还在更广的范围内支持了产业链的深度合作、资金流动、技术转移等多元化的经济活动。

（2）逐步完备的法治建设

自贸区对本国经济的发展至关重要。为了有效管理自贸区的各项活动，国家和地方政府通常会采取法定手段，将经济政策以法律的形式固定。这些法规旨在规范自贸区内的各种经济行为，确保管理者和投资者在经营和投资过程中有明确的法律依据。通过这种法定机制，国家和地方政府共同努力，维护自贸区的秩序，为企业和投资者提供透明度和稳定性，从而促进本国经济的可持续增长。

（3）高效规范的管理

由于自贸区之间的竞争日益激烈，各国纷纷设立专门机构，以实现自贸区管理的规范化。这些机构在管理方面采取了一体化的模式，严格遵循法律授权，并坚持层次少和权力集中的原则。其目标之一是简化办事手续，提高整体工作效率。

（4）特殊政策优惠

尽管各国或地区在制定自贸区经济政策时因经济发展水平和政治制度而有所差异，但它们共同享有比国内其他经济地区更为优惠的政策待遇。为了吸引外商投资，自贸区规定了进出境关税的豁免政策，境外进出特殊监管区的货物一般无须缴纳关税，并且通常不受时间、数量的限制。只有当区内货物运往境内其他区域时，才需要征收关税。这些政策旨在创造更有利的经营环境，激发国际投资，推动各地经济的共同繁荣。

（5）海关监管便捷

海关机构通常经过精简，管理更为便捷，监管手续也得到简化，以实施“一线放开，二线管住，区内自由”和“管住卡口，管出不管进”政策。这一管理模式意味着在第一线，即海关与企业和货物交接的阶段，实行相对的放开，提高便利性。而在第二线，即对出口的监管中，加强卡口的管理，确保货物在离开自由贸易区时得到有效监控。

3.1.3 自贸区的作用

自贸区的设立在多个方面为国家或地区带来显著的利好。

首先，通过创设便利条件和提供优惠政策，自贸区有望进一步扩大进出口贸易和转口贸易规模，从而巩固其作为货物集散中心的地位，在提升国际贸易地位的同时，刺激外汇收入增加。这一系列积极举措有望对国家或地区的经济实力和国际竞争力产生长期正面影响。

其次，自贸区的引入可有效吸引外资企业入驻，进而引进国外先进技术和管理经验。这不仅有助于促进科技创新，也为本地经济的可持续发展奠定基础。外资企业的介入将推动本地企业的竞争力提升，为整体经济带来更为多元化和可持续的增长动力。

再次，随着自贸区内商品和企业的集聚，劳动力需求逐渐增加，从而为国家或地区提供了更多的劳动就业机会。这有助于改善就业结构，提高劳动力参与率，进而提升整体社会福祉水平。

最后，将自贸区设立在港口、交通运输枢纽或边境地区，有望促进港口经济和交通运输业的迅速发展。自贸区的存在将为这些地区带来新的经济活力，推动其成为国家或地区经济腹地繁荣的动力。这对提高地区经济发展水平、改善基础设施建设和加强与邻国的经济合作具有积极的作用。

随着时间的推移，自贸区将逐步发展成为具有综合功能的经济合作区域。其法律规范体系将更加完备，管理机制将更加高效，同时政策优惠和便捷的海关监管将为自贸区的可持续发展提供有力的支持。这将在国际经济舞台上进一步巩固自贸区的地位，使其成为吸引投资、促进贸易和推动创新的重要引擎。

3.2 我国自贸区的发展概况

改革开放 40 多年来，其核心逐渐改变，由最初的以商品要素流动为核心的流动型开放过渡到当前以规则建构为核心的制度型开放，不断以制度创新引领政策创新，以开放红利诱发改革红利，这也是全球经济处于深度调整期和逆全球化趋势不断加剧背景下的必然选择。我国自贸区的发展与 40 多年的改革开放息息相关。从 20 世纪 80 年代深圳、珠海、汕头和厦门经济特区的建立，到 20 世纪 90 年代在上海、天津、大连、青岛等东部沿海城市设立保税区和进出口加工区，国内自贸区逐渐扩展。截至 2020 年底，我国已建立 100 多家综合保税区、14 个综合保税港区以及广东拱北和新疆乌鲁木齐两个跨境工业区。随着自贸区的不断推进，一些保税区和出口加工区被整合到自贸区中，构建了辐射中西部内陆地区的自贸区体系。上海自贸区于 2013 年 8 月启动，成为中国大陆第一个自贸区。2013 年 12 月 28 日，国务院决定将上海自贸区作为政策改革区，并在全国范围内推广。2015 年 4 月，广东、天津、福建自贸区相继启动。2017 年 3 月，第三批自贸区（辽宁、浙江、河南、湖北、重庆、四川、陕西七省市）推进。2018 年，国务院在海南设立自贸区（港）（第四批），提高开放度。2019 年 8 月，新增上海自贸区临港新片区和山东、江苏、广西、河北、云南、黑龙江 6 个新自贸区。2020 年 9 月，第六批自贸区（北京、湖南、安徽）成立，进一步扩大片区规模。自 2013 年以来，我国境内已设立 21 个自贸区，分布在全国 21 个省份，具有共性的制度创新，同时根据地理和产业特色各具不同的功能定位。表3－1从设立时间、依托地区、片区规模和建设目标等方面对自贸区进行了梳理。

表3－1 中国自贸试验区（2013—2020年）

省份	设立时间	依托地区	片区规模	建设目标
上海	2013年	上海市	120.7平方公里	具有国际水准的投资贸易便利、货币兑换自由、监管高效便捷、法制环境规范的自由贸易试验区
广东	2015年	广州市、深圳市、珠海市	116.2平方公里	21世纪海上丝绸之路重要枢纽和全国新一轮改革开放先行地
天津	2015年	天津市	119.9平方公里	京津冀协同发展高水平对外开放平台、全国改革开放先行区和制度创新“试验田”、面向世界的高水平自由贸易园区
福建	2015年	福州市、厦门市	118.04平方公里	建设21世纪海上丝绸之路核心区、打造面向21世纪海上丝绸之路沿线国家和地区开放合作新高地
辽宁	2017年	沈阳市、大连市、营口市	119.89平方公里	提升东北老工业基地发展整体竞争力和对外开放水平的新引擎
浙江	2017年	舟山市	119.95平方公里	东部地区重要海上开放门户示范区、国际大宗商品贸易自由化先导区和具有国际影响力的资源配置基地
河南	2017年	郑州市、开封市、洛阳市	119.77平方公里	服务于“一带一路”建设的现代综合交通枢纽、全面改革开放“试验田”和内陆开放型经济示范区
湖北	2017年	武汉市、襄阳市、宜昌市	119.96平方公里	中部有序承接产业转移示范区、战略性新兴产业和高技术产业集聚区、全面改革开放“试验田”和内陆对外开放新高地
重庆	2017年	重庆市	119.98平方公里	“一带一路”和长江经济带互联互通重要枢纽、西部大开发战略重要支点

续表

省份	设立时间	依托地区	片区规模	建设目标
四川	2017 年	成都市	119.99 平方公里	国际开放通道枢纽区、内陆开放型经济新高地、内陆与沿海沿边沿江协同开放示范区
陕西	2017 年	西安市	119.95 平方公里	内陆型改革开放新高地、“一带一路”经济合作和人文交流重要支点
海南	2018 年	海南全岛	3.54 万平方公里	面向太平洋和印度洋的重要对外开放门户
山东	2019 年	济南市、青岛市、烟台市	119.98 平方公里	贸易投资便利、金融服务完善、监管安全高效、辐射带动作用突出的高标准高质量自由贸易园区
江苏	2019 年	南京市、苏州市、连云港市	119.97 平方公里	贸易投资便利、高端产业集聚、金融服务完善、监管安全高效、辐射带动作用突出的高标准高质量自由贸易园区
广西	2019 年	南宁市、钦州市、崇左市	119.99 平方公里	贸易投资便利、金融服务完善、监管安全高效、辐射带动作用突出、引领中国—东盟开放合作的高标准高质量自由贸易园区
河北	2019 年	保定市、石家庄市、唐山市	119.97 平方公里	贸易投资自由便利、高端高新产业集聚、金融服务开放创新、政府治理包容审慎、区域发展高度协同的高标准高质量自由贸易园区
云南	2019 年	昆明市、德宏市、红河州	119.86 平方公里	贸易投资便利、交通物流通达、要素流动自由、金融服务创新完善、监管安全高效、生态环境质量一流、辐射带动作用突出的高标准高质量自由贸易园区
黑龙江	2019 年	哈尔滨市、黑河市、绥芬河市	119.85 平方公里	营商环境优良、贸易投资便利、高端产业集聚、服务体系完善、监管安全高效的高标准高质量自由贸易园区

续表

省份	设立时间	依托地区	片区规模	建设目标
北京	2020 年	北京市	119.68 平方公里	贸易投资便利、营商环境优异、创新生态一流、高端产业集聚、金融服务完善、国际经济交往活跃、监管安全高效、辐射带动作用突出的高标准高质量自由贸易园区
湖南	2020 年	长沙市、岳阳市、郴州市	119.76 平方公里	贸易投资便利、产业布局优化、金融服务完善、监管安全高效、辐射带动作用突出的高标准高质量自由贸易园区
安徽	2020 年	合肥市、芜湖市、蚌埠市	119.86 平方公里	贸易投资便利、创新活跃强劲、高端产业集聚、金融服务完善、监管安全高效、辐射带动作用突出的高标准高质量自由贸易园区

目前，我国自贸区正经历扩容的新阶段，呈现出“1+3+7+1+6+3”的全新格局，这一格局表明自贸区由点到线再到面铺开的趋势。这意味着自贸区将成为我国开放高地和政策改革的“试验田”，加速学习和对标国际先进自由贸易园区和自由贸易港的制度规则。在政府管理、投资便利、贸易自由、金融管理、税收宽松、离岸制度以及商事改革等方面，将不断进行创新和探索。

3.3 陕西自贸区概述

3.3.1 陕西自贸区的概念

陕西自贸区是由国务院批准在陕西设立的试行政府职能转变、金融制度、贸易服务、外商投资和税收政策等多项改革措施的指定区域。2016 年 8 月 31 日，国务院正式批准设立陕西自贸区；2017 年 3 月 15 日，国务院印发《中国（陕西）自由贸易试验区总体方案》；2017 年 4 月 1 日，陕西自贸区正式揭牌。建设陕西自贸区是新形势下全面深化改革、扩大开放和加快推进“一带一路”建设、深入推进西部大开发的重大举措。

3.3.2 陕西自贸区的总体目标和任务

陕西自贸区的总体目标：经过3～5年改革探索，形成与国际投资贸易通行规则相衔接的制度创新体系，营造法治化、国际化、便利化的营商环境，努力建成投资贸易便利、高端产业集聚、金融服务完善、人文交流深入、监管高效便捷、法治环境规范的高水平高标准自由贸易园区，推动“一带一路”建设和西部大开发战略的深入实施。

主要任务包括七个方面的改革创新：切实转变政府职能；深化投资领域改革；推动贸易转型升级；深化金融领域开放创新；扩大与共建“一带一路”国家的经济合作；创建与共建“一带一路”国家人文交流新模式；推动西部大开发战略深入实施。

3.3.3 陕西自贸区的范围

陕西自贸区涵盖中心片区、西安国际港务区片区和陕西杨凌示范区片区三个片区，总面积为119.95平方公里。其中，中心片区为87.76平方公里，含西安高新区、西安经开区和西咸新区沣东新城、秦汉城、空港新城部分区域；西安国际港务区片区为26.43平方公里，含西安国际港务区和西安浐灞生态区部分区域；西安杨凌示范区片区为5.76平方公里，包括杨凌示范区部分区域。

陕西自贸区中心片区重点发展战略性新兴产业和高新技术产业，着力发展高端制造、航空物流、贸易金融等产业，推进服务贸易促进体系建设，拓展科技、教育、文化、旅游、健康医疗等人文交流的深度和广度，打造面向“一带一路”的高端产业高地和人文交流高地。

西安国际港务区片区重点发展国际贸易、现代物流、金融服务、旅游会展、电子商务等产业，建设“一带一路”国际中转内陆枢纽港、开放型金融产业创新高地及欧亚贸易和人文交流合作新平台。

杨凌示范区片区以农业科技创新、示范推广为重点，通过全面扩大农业领域国际合作交流，打造“一带一路”现代农业国际合作中心。

3.3.4 陕西自贸区发展现状分析

陕西自贸区具有丰富的资源禀赋、完善的产业基础和国家政策支持。

（1）丰富的资源禀赋

陕西自贸区拥有丰富的煤炭、铁矿、黄金等资源，同时有丰富的人力资源和文化资源，具有一定的综合优势。西安地处关中平原，自然资源非常丰富，包括丰富的水资源、土地资源、野生动植物资源等。此外，西安附近还有著名的秦岭山脉和黄土高原，具有独特的地形地貌和自然风光。西安是中国古代文明的发源地之一，拥有悠久的历史和深厚的文化底蕴。城市内有大量的历史遗迹和文化景观，如兵马俑、大雁塔、钟楼鼓楼等，吸引了大量的国内外游客前来参观。此外，西安还拥有许多知名高等院校和研究机构，吸引了大量的优秀人才。西安拥有多个高科技产业园区和科技创新中心。西安交通大学、西北工业大学等多所高校在信息技术、材料科学、航空航天等领域处于国际领先水平，吸引了大量的科技人才和创新资源。

（2）完善的产业基础

陕西自贸区拥有较为完善的制造业、物流业等产业基础，同时具有一定的技术优势。西安的制造业基础较为雄厚，特别是在军工、航天航空、电子信息、新材料等领域拥有比较显著的优势。西安航空工业、中航工业西安飞机工业、华为、联想等企业在其所在领域处于领先地位，形成了产业链上下游齐全的生态系统。西安还建设了多个高新技术产业园区，吸引了大量的创新型企业入驻，推动了技术创新和产业升级。西安是中国“一带一路”建设的核心节点之一，被赋予了更多的物流和贸易功能。西安在全国范围内建成了完善的公路、铁路、水路和空中运输体系，形成了以西安为中心、辐射全国的物流网络。西安国际港务区、西安物流园等物流园区的建设，也进一步提升了西安的物流配送能力和服务水平。

（3）国家政策支持

作为国家战略的一部分，陕西自贸区受到国家政策的大力支持，具有较强的政策优势。其中，自由贸易政策优势：陕西自贸区将全面实行准入前国民待遇加负面清单管理制度，放宽外商投资市场准入，加强贸易自由化便利化建设，推动贸易投资自由化、便利化和便民化。加强关务监管服务，提升口岸通关效率。产业政策优势：陕西自贸区将发挥陕西省航空、国防、电子、信息等产业优势，引导和支持优势企业进入陕西自贸区，推进产业转型升级。财税金融政策优势：陕西自贸区将探索创新金融服务模式，推动建立人民币跨境结算体系，打造金融创新试验区。同时，还将实施税收优惠政策，提高企业税负透明度和规范化管理水平。开放合作政策优势：陕西自贸区将积极开展国际交流合作，推进与共建“一带一路”国家和地区的经贸合作，推动自贸区与其他自贸区建立联系和交流，打造开放合作新格局。进一步扩大服务业、制造业等领域的开放，鼓励吸引国际、境外投资和优质产业资源进入陕西。推动金融创新：支持陕西自贸区建设金融创新试验区，探索金融创新和金融服务，增强金融支持实体经济的能力。优化营商环境：陕西自贸区将探索实行市场化、法治化、国际化营商环境，加强企业服务，降低企业运营成本。

同时，陕西自贸区也存在经济发展水平相对较低、制度不完善、人才流失等诸多制约发展的问题：

①相较于中国东部地区，陕西自贸区经济发展水平相对较低，还需进一步加大投入和改革开放力度。陕西省人均 GDP 为 4.3 万元，远低于中国东部发达地区的水平。陕西省城市和农村地区的经济发展水平差距较大。在一些贫困地区，经济发展水平相对较低，基础设施落后，人口流动性不足，产业结构单一。

②陕西自贸区内的贸易和投资制度尚未完善，仍需建立健全一系列法规和制度。

③由于地区经济发展相对滞后，人才流失较为严重，需要加大人

才引进和培养力度。

从外部环境来看，陕西自贸区也面临着诸多的机会与挑战：

①“一带一路”倡议：陕西自贸区位于“一带一路”经济带核心区域，可以充分利用区位优势，参与到“一带一路”建设中。

②产业升级转型：随着国家对经济发展提出新要求，陕西自贸区可以通过产业升级和转型，提升自身的发展水平。

③跨境电商：随着跨境电商的兴起，陕西自贸区可以加大电商业务的发展力度，利用互联网等新兴技术，开拓新的市场空间。

④外部经济形势变化：全球经济形势不稳定，贸易保护主义等因素影响贸易投资自由化进程，可能给自贸区的发展带来一定的压力。

⑤竞争对手的崛起：随着全国各地自贸区的建设不断加快，以及其他国家自贸区的崛起，陕西自贸区将面临更为激烈的竞争，需要加大自身的发展力度。

总体来说，陕西自贸区在地理位置、资源禀赋、产业基础等方面具有一定的优势，同时存在经济发展水平相对较低、制度不完善等劣势。未来，陕西自贸区可以通过积极参与“一带一路”建设、加大产业升级转型力度、利用跨境电商等新兴技术开拓新的市场空间等方式，应对外部经济形势变化、竞争对手的崛起等威胁。同时，还需要加大政策支持力度、建立健全自贸区制度等，努力提高自身的发展水平。

3.3.5 陕西自贸区的核心竞争力

自贸区核心竞争力构成模型包括六要素：目标指向、开放程度、功能培育、环境塑造，以及政府与市场，下面基于以上主要因素对陕西自贸区进行评价。

在目标指向方面，“十四五”规划期间陕西省生产总值年均增长6%，经济总量跃居全国第14位。产业结构偏重、新兴产业规模偏小、创新驱动能力不强的局面还没有得到根本扭转，占比超过全国产量5%的主要工业产品，集中在能源行业；科技成果在陕西的转化率仅为30%左右，战略性新兴产业增加值仅占生产总值的11%左右，高技术制造业增加值占规模以上工业增加值的比重低于全国3.6个百分点，服务业占生产总值的比重低于全国7个百分点以上。整体来说，陕西自贸区经济规模性指标还未达到国内领先水平，目前作为我国区域经济枢纽节点的影响力与控制力较为薄弱。

在开放程度方面，开放不足仍是制约陕西自贸区发展的突出短板。由于陕西自贸区地处内陆腹地，缺乏沿海地区的地理优越性，在与其他国家人员往来，信息、资源交流与共享方面存在客观短板，在贸易自由、投资自由、人员自由等领域与国际领先水平和国内发达自贸区存在不小的差距。特别是在资本自由流动方面，由于金融外汇管制政策，其与发达国家自贸区还存在较大的差距。未来随着自贸区的管理机制、技术平台和制度性软环境的发展，差距会逐步缩小。

在功能培育方面，陕西自贸区在金融、物流等方面与世界领先水平差距较大，与国内其他（如上海）自贸区也有一定差距，区内企业规模、影响力有待提升，技术、服务平台属于薄弱环节。

在环境塑造方面，陕西自贸区因为处于“一带一路”起点，具有区位优势，可以依托西部大开发以及发展“一带一路”经济带的政策，逐步提升和完善自贸区服务质量和功能。

整体来说，陕西自贸区初步具备了先进自贸区的基本功能，但在服务功能配置、与国际接轨的制度创新、先进管理理念与服务创新等方面与先进自贸区相比还具有较大差距。

3.4 陕西自贸区物流发展现状

3.4.1 西安物流业发展概况

近年来，西安的经济实现了稳步增长，物流业的发展也取得了一些成绩。如图3－1所示，2020年西安社会物流总额为21319.69亿元，年均增长 14.5%。物流运行效率持续提升，2020 年西安社会物流总费用为 1585 亿元，与 GDP 的比率为 15.8%，较“十二五”末期降低 0.8 个百分点，每百元社会物流总额的物流费用为 7.43 元，较“十二五”末期降低 0.54 元。全市货运总量达 25712.81 万吨，其中公路货运量 25204 万吨，铁路货运量 471.18 万吨，航空货运量 37.63 万吨。

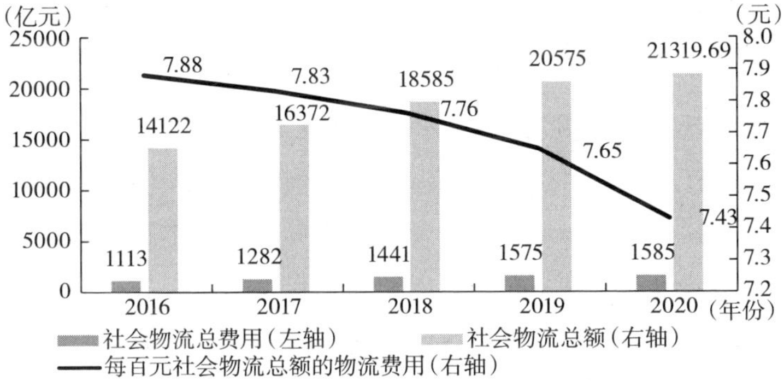

图 3-1　西安市 2016—2020 年社会物流运行效率

资料来源：西安统计年鉴及西安市历年国民经济和社会发展统计公报。

3.4.2　西安物流发展格局

国家提出“一带一路”倡议之后，陕西及周边各省市积极开展相关活动，力争打造“新丝绸之路”，做“对欧贸易桥头堡”。例如，重庆、武汉、成都、郑州、西安等先后开通欧洲货运班列，试图在这条对欧贸易的运输通道上抢占先机。

但是，产业基础是现代物流运营的保障。国际班列的运行必须有足够的产业基础和货源量。例如，成渝两市班列运输的货源，以笔记本电脑为主。以重庆为例，其货物来源基本植根于其笔记本电脑出口制造基地。这两个城市的货源多为高技术、高附加值、高换代率的电子产品，符合国家市场的需求，且相关产业已经成形，因此其有充足的货源保证。而郑州和武汉的货源来自富士康稳定的出口需求。但是，陕西的本地货源比较分散，未能实现有效集聚，而且陕西的产业相较其他省市，还有一定的差距。时至今日，陕西的综合交通区位优势尚未有效发挥，对外地货源的服务能力还不明显。但无论如何，西安独一无二的区位优势和交通优势，使其处于“主动脉”地位，能够兼顾全国各个地方，这种天然优势是其他地方无法比拟的。陕西又与河南、武汉、重庆、四川是近邻，可以利用自身优势，展开产业、物流业方面的合作。

陕西的独特区位使其成为“一带一路”的核心区。陕西位于中国版图中心，处在“一带一路”的核心位置，西安是亚欧大陆桥上最重要的交通枢纽，向东可与海上丝绸之路连通，向西可直达中亚和欧洲。“十三五”期间，陕西利用得天独厚的历史、文化、旅游、教育、科技、人才等资源优势，再次站在了对外开放的前沿位置。西安正在打造全国中欧班列集结中心，全国各地的货物通过铁路在西安高效分拨集结，沿陇海线经霍尔果斯口岸出境，形成“有来有往”的多元通道，凸显西安作为全国铁路枢纽中心的集聚效应，有效提升国际货物流通效率。

陕西省于2019年5月加入了新的通道建设联盟——与重庆、广西、贵州、甘肃、青海、新疆、云南、宁夏签署合作共建“陆海新通道”协议。将陕西外向型经济发展推向了新段位——资源互补、政策整合、扩盘破壁，形成“陆海内外联动，东西双向互济”的开放格局。同时，在物流产业发展的地理空间上，加快打造与重庆、成都形成的西三角经济圈，完善构建合理的城市和空间产业体系，加强地区间物流产业合作，协同整个经济圈发展，在西三角经济区中形成功能互补、产业链衔接的物流格局。

3.4.3 陕西自贸区物流功能板块

作为西部大开发地理战略前沿与核心枢纽、“丝绸之路经济带”的重要经济地域起点、西北地区唯一的国家中心城市，陕西省西安市在区域与跨国物流、供应链领域具有重要地位。自国家提出“一带一路”倡议以来，作为生产与贸易等实体经济活动的重要支撑，物流产业在西安的这一发展愿景当中扮演着举足轻重的角色。

2021 年全年，陕西自贸区货物进出口总额达 3375.3 亿元，占全省进出口总额的 70.9%，同比增长 25.8%。截至 2022 年底，陕西自贸区货物进出口总额累计达 1.65 万亿元，年均占全省同期货物进出口总额的 71.6%。2022 年，陕西自贸区实际利用外资 5.64 亿美元，同比增长 31.8%。截至 2022 年底，陕西自贸区新设经营主体 15.2 万家，其中新设企业 9.67 万家、外资企业 934 家，年均新设企业数占全省同期新设企业的 7.6%。陕西自贸区的建立对陕西省经济发展的拉动与提升作用日趋明显，其蓬勃发展形成的牵引力正在带动陕西经济社会快速发展，形成区域发展合力，进而更好服务“走出去”等战略。

在陕西自贸区中，具体来看，担负物流领域职能的是其下设的西安国际港务区、西咸新区空港新城，以及西安高新区的一部分。三大功能板块抓住自身特点，发挥优势，各自突破，取得了一定的成绩。

（1）西安国际港务区

作为西北地区可提供进出口报关报检服务的最大的重要公路、铁路交会内陆港口，通过近几年的快速发展，已经形成相对完备的港口功能与物流平台，并据此持续引进大型企业物流投资。2023 年 11 月 16 日，第七届丝绸之路国际博览会暨中国东西部合作与投资贸易洽谈会（以下简称“丝博会”）在陕西西安开幕，本届丝博会共签订合作项目 1857 个，总投资额 1.22 万亿元，其中利用外资项目 46 个，合同总投资额 90.54 亿美元；签订国内联合项目 1811 个，合同总投资额 1.16 万亿元。不仅极大地提升了物流基础建设投资，同时创造了更多利润与物流从业人员就业机会。

同时，陕西自贸区西安区域主动开通西安至西亚、中亚、欧洲的 18 条跨国铁路货运干线，覆盖“一带一路”沿线 44 个国家和地区。截至 2023 年 10 月底，中欧班列“长安号”自 2013 年 11 月 28 日首列开行以来已累计开行 20397 列，约占全国总量的 1/4，西安成为全国首个开行中欧班列突破 20000 列的城市。2023 年 1—10 月中欧班列“长安号”开行 4343 列，较 2022 年同期增长 22.1%，运送货物总重达 384.1 万吨，较 2022 年同期增长 19.9%，开行量、重箱率等核心指标稳居全国第一。“长安号”助力企业“走出去、引进来”，成为穿梭于“一带一路”上服务沿线各国人民的幸福班列和服务企业的黄金班列。

（2）西咸新区空港新城

西咸新区空港新城是我国西北地区最重要的陆空铁交通核心枢纽之一，空港新城通过“整体功能构造，协同项目建设”的方式，帮助自身建设新一代“空中丝绸之路”，重点突出物流速度快、商品附加值高、经济辐射面宽等特点，加大聚集临空偏好型产业力度，满足丝绸之路经济带沿线国家对高附加值科技产品的旺盛需求与物流预期。同时，在国家政策与西咸新区的大力支持下，空港新城成立空港保税区，通过完善货代、办公区、检验检疫站点与物业等综合服务场所，减少物流相关活动中的时间消耗。

（3）西安高新区

西安高新区积极推动创新链与产业链融合发展，打造“科技创新 + 自贸试验”的典型样本，先后出台“科创九条”“上市十条”和推动秦创原建设“1 + 3”实施方案，全域打造秦创原高能级科技成果转化大平台，规划丝路科学城、丝路软件城两大核心片区，积极构建科技成果转化“政产学研用金”六位一体机制，搭建具有服务支撑性的科技创新平台。在各类创新平台的孵化、培育下，西安高新区创新型企业数量持续稳步增加。截至 2022 年 4 月，全区高新技术企业总量已达 3874 家，认定科技型中小企业达 3207 家，双创载体 174 家，研发支出占 GDP 的比重上升到 6.64%，年度技术合同交易额达 652 亿元。

高新区部分新材料企业秉持全球化研发设计与采购供应链思维，

建立从最初研发、采购、生产环节到“最后一公里”物流配送全程“一条链”思维，持续探索供应链全球化本地应用范例，在长期政策支持与自身创新驱动下，寻找差距与多方实践，最终整体提升供应链设计与执行能力，“以点带面”辐射带动高新区企业乃至大西安地区，助力提升物流整体运筹思维与执行能力，切实提高大西安国际物流中心建设水平。

4

陕西自贸区物流系统分析

4.1 陕西自贸区物流系统概述

4.1.1 陕西自贸区物流系统的目标

陕西自贸区物流系统的目标主要包括两个方面：一是从物流需求方角度出发，要提高物流服务水平；二是从物流服务方角度出发，要降低物流成本。

（1）提高物流服务水平

陕西自贸区致力于构建一个高效而完善的物流系统，以满足客户多样化的需求。该系统在适当的条件、成本和时间下，通过整合物流供给能力和服务功能，力求提供优质的物流服务。核心目标是确保在适当的条件、适当的成本、适当的时间内将合适的产品送到合适的场所，从而不断提升物流服务水平。通过构建有效的物流系统，陕西自贸区不仅将满足客户需求，还将通过整合服务需求、供给能力和功能，为客户提供更加优质的物流服务。系统致力于匹配不同物流需求类型与服务类型，完善物流基础设施，提高物流运作效率。便利的政策和充足的物流人才在整个系统中扮演关键角色，有助于提高物流活动效率。这些措施共同推动了陕西自贸区物流系统的不断完善，使其成为一个能够满足客户需求、提高服务水平并促进经济活动的关键支持系统。

（2）降低物流成本

陕西自贸区物流系统的建设旨在实现多方面的利益，主要集中在以下关键目标上：降低物流交易成本、物流信息成本和物流运作成本，以及在物流通关、税收等方面实现成本降低。在降低物流交易成本方面，特别注重减少涉及物流服务需求方和物流服务供给方的谈判、协商、签约和监督等活动，以达到显著减少交易成本的效果。此外，致力于消除重复谈判、防止资金浪费和过度防范，以降低监管成本，防范投机行为，并减少事后处理成本的发生。在降低物流信息成本方面，重点关注构建高效的物流信息系统，通过促进物流信息的共享来降低企业物流信息成本，提高信息的透明度，从而增强信息传递的迅捷性。在降低物流运作成本方面，制定科学合理的物流方案，通过优化物流节点的衔接，减少不合理的物流现象，降低运输和仓储成本，从而提高整体物流运作效率。最终，通过推动贸易便利化和不断完善物流政策，降低物流通关、税收等方面的成本，为物流企业创造更有利的营商环境。这涉及贸易便利化和制度创新，以确保物流系统的稳健发展，并强调在物流政策方面的持续改进。

4.1.2 陕西自贸区物流系统的特征

（1）系统跨度大

陕西自贸区物流系统将自贸区作为发力点，致力于推进物流业务的进一步拓展与延伸。其组成形式多样，区内物流健全，城市物流完善，同时在国内物流以及国际物流方面积极布局，有一定的影响力。陕西自贸区物流系统跨度非常大，基于涉及主体空间范围，呈现出区内企业、区外企业协同并进，国内企业、国外企业共同发展的局面；基于资源利用范围，一方面聚焦国内资源，另一方面积极统筹国外资源，双管齐下助力国际贸易开展；基于时间跨度，随着国际贸易越发兴盛，国际物流自发货地前往需求地，其在历时方面相对较长，跨度较大。

（2）动态变化

陕西自贸区物流系统处于发展之中，必然深受国际贸易环境变化影响，同时受到随之而来的全球性因素干预。再者，陕西自贸区政策同样与系统发展密切相关。其中负面清单政策、进出境监管政策、金融政策等均与物流系统的拓展及改革密不可分。正是由于国内外环境日新月异，自贸区政策持续更新，陕西自贸区物流系统各项组成要素以及运作方式均呈现出一定的变化性与灵活性。

（3）多种主体参与

陕西自贸区物流系统在参与主体方面同样具备多元性特征，物流服务供给企业以及物流服务需求企业均属于具备重要地位的主体。除此之外，政府监管机构以及金融机构等不可或缺。随着物流系统的越发健全，物流基础设施设备以及物流信息技术同样不可或缺。对于物流服务需求企业而言，各企业在物流服务类型需求方面有着一定差异；对于物流服务供给企业而言，其内容涵盖港口企业、运输企业、保税仓库运营企业等；对于政府监管机构而言，除海关以及检验检疫之外，自贸区管理机构同样属于重要组成部分；对于金融机构而言，银行发挥主体作用，信用保险以及跨境第三方支付等亦不可缺失。多方协力，共同为陕西自贸区物流系统提供更具专业性与丰富性的金融服务。

（4）提供高质量物流服务

陕西自贸区物流系统规模宏大，构成丰富，牵涉一系列形式多样的物流企业，提供的物流服务同样具备多元性与健全性。跨境运输、保税仓储、转口集散、流通加工、配送服务、物流金融以及代理报关清关等均涵盖其中。其一方面提供丰富的物流服务，另一方面促进各项物流环节的完美融合，能够以更具性价比的物流成本，确保货物准时准点、有序送达，保障需求方具有较高的满意度与认可度。

4.1.3 陕西自贸区物流系统的架构

陕西自贸区的物流系统包括物流基础设施、物流信息和物流保障三部分。通过这些物流服务平台，物流供应方为物流需求方提供全面的综合物流服务。

物流需求主体主要由跨国公司、贸易企业、生产企业以及自贸区居民组成。具体的物流需求类型包括原材料采购物流、产成品销售物流、进出口货物物流、电子商务物流以及工程建筑物流等。陕西自贸区的物流供给主体主要由运营企业组成，包括运输企业、保税仓库、物流中心、配送中心等，还包括货运代理、报关清关代理企业等。其中，陕西自贸区物流系统最具基础性和关键性的物流服务平台分为三类：一是物流基础设施系统，它依赖于运输体系和物流基点，为陕西自贸区的物流运行提供必要的支持；二是物流信息系统，通过实现各主体之间的精准连接，确保物流信息传递的有效性和可靠性；三是物流保障系统，其作用在于为陕西自贸区物流系统提供稳定的经济援助、科学的政策扶持和充足的人员补充。这三大服务平台共同构建了一个完整而高效的物流系统，为满足多样化的物流需求提供了坚实的支撑。

4.2 陕西自贸区物流系统 SWOT 分析

4.2.1 陕西自贸区物流发展的优势分析

(1) 区位优势

陕西自贸区地处中国西部核心区域，交通便利，可辐射中亚和中欧地区，具有较大的市场潜力。作为公路交通的枢纽城市，西安是连接中国西北、西南和中部地区的重要节点，是国内公路交通的中心。西安有 10 多条高速公路，包括连接北京和广州的京广高速公路，连接西安和兰州的兰海高速公路，连接西安和成都的成渝高速公路等，这些高速公路使得西安成为连接中国西北和西南地区的重要通道。西安有多条铁路干线贯穿全国各地，连接北京、上海、广州等重要城市，其中包括京广铁路、陇海铁路、兰新铁路、陇九铁路等，使得西安成为中国西北地区铁路运输的中心。西安拥有西安咸阳国际机场，是中国重要的民航枢纽之一。该机场连通国内数百个城市和国际主要城市，包括东京、纽约、巴黎、悉尼等，每天有数十班航班起降，使得西安成为连接中国西北地区与世界各地的重要航空运输中心。陕西又是亚欧大陆桥的重要组成部分，也是丝绸之路的起点，是中国现代的交通信息中心，是我国物流的重要枢纽，承担着亚欧之间地区客流、物流、信息流集散的重要职能。陕西自贸区的建立，将进一步推动我国中东部地区和中亚欧洲之间的贸易往来，增强我国丝绸之路经济带的带动和辐射作用，陕西自贸区在未来的发展中对我国的整体综合发展具有极强的区位辐射带动优势。

（2）产业经济基础完备

陕西省产业类别完备，基础较好，高新技术业、制造业、服务业、文旅业为主导产业，而丝绸之路经济带的沿线城市具有丰富的能源、生态产业，两者具有较强的关联性，能够协同发展，互相促进。并且目前的涉外投资额不断增大，有3000余家外商投资入驻，投资额为400余亿美元，世界500强企业中有90多家企业在陕西设立分支机构，陕西自贸区已经具备科研中心、区域商贸物流中心、国际一流旅游地城市、先进制造业基地和高新技术产业集聚地的多重身份，具有雄厚的产业经济基础。

（3）物流企业参与程度高

通过引入自贸区，实施创新的工商登记制度和负面清单管理模式，陕西自贸区内的企业在“法无禁止则自由”的环境下自由发展。这一新的制度框架吸引了众多物流企业，“三通一达”等行业巨头纷纷进驻自贸区。与此同时，新成立的物流企业也选择在自贸区注册登记，以享受制度带来的红利，推动行业的创新发展。自贸区内形成的创新环境激发了物流企业的管理和制度创新活力，形成了一种倒逼机制。为了适应自贸区的环境，物流企业纷纷加强内部管理，不断提升服务水平和效率。这种倒逼机制推动了整个物流行业的发展，并为企业提供了更灵活的发展模式，促使其不断追求卓越。自贸区的创新不仅在国内产生了影响，也推动了物流企业的国际化进程。自贸区内的企业积极参与国际贸易，拓展业务范围，成为国际市场上的重要参与者。与此同时，自贸区为培养和吸引物流人才创造了有利条件，使得物流行业在人才方面逐渐实现国际化。自贸区内的物流企业参与度高，业务范围涵盖大宗商品运输和第三方加工配送等多个领域。这种多元化的业务布局使得企业更具竞争力，也为自贸区的整体发展提供了多方面的支持。

总体而言，自贸区的创新举措为物流企业带来了成本低和效率高的优势。通过优化物流流程，平均降低了10%的仓储成本，同时通过提升通关效率，平均缩短了3～4天的通关时间。这些积极的变化使得自贸区内的物流业呈现出蓬勃的发展势头，为整个经济体系注入了活力。

（4）创新通关监管服务模式

先入区、后验证的监管模式在一定程度上成功地削减了企业物流成本，同时极大地缩短了通关时间。引入这一监管模式后，货物通关所需的时间从之前的大约130小时，迅速压缩至仅需原先时间的1/10，实现了通关效率的显著提升。这一变革的关键在于企业自主提交的《自我声明》，每一批货物的申报流程更为简便，为加快物流供应链的流转速度提供了强有力的支持。同时，监管机构通过对已经放行的货物进行集中核查，简化了企业在货物提离前的办证手续，为整个流程节省了宝贵的时间，有效保障了物流供应链的时效性。

这一监管模式的实施为企业提供了更为高效、快速的通关流程，对物流行业的持续发展以及整体经济链的畅通起到了积极的推动作用。货物通关时间的大幅缩短为企业节省了大量的运营成本，使得物流供应链更具竞争力。企业自我声明的方式不仅加速了货物的流转，还在海关核查方面实现了更为精细化的管理。这种先入区、后验证的监管模式为物流行业的未来发展提供了有益的范例，为提升整体运营效率和降低成本创造了有利的条件。

（5）良好的口岸功能

陕西自贸区内高新综合保税区、国际港务区综合保税区、空港保税区、出口加工区 A 区（经开）、出口加工区 B 区（高新）几个部分，都具有加工、贸易、仓储和展示功能。2013 年中欧班列“长安号”开通，覆盖中亚、中东及欧洲主要货源地，途经地的各种百姓消费品实现了常态化进口，“长安号”建立了全网化的物流体系，形成了对外贸易新格局。另外，陕西自贸区积极学习国内外先进自贸区的海关监管模式，并与上海、青岛等重要口岸建立合作关系，积累经验，摸索创新，已具备能够适应国际贸易需求的便捷口岸物流服务功能。

4.2.2 陕西自贸区物流发展的劣势分析

（1）物流企业缺乏竞争力

陕西自贸区内的物流企业在国际竞争中面临一定的挑战，特别是在服务贸易领域跨境电子商务方面。目前，大多数物流服务仍主要依赖外资企业，导致陕西自贸区在国际竞争中相对缺乏竞争力。针对跨境电子商务，陕西自贸区的物流企业在海外仓物流配送服务方面仍存在一些薄弱环节，尚未形成在国际范围内具有竞争力的服务模式、服务质量和服务品牌。这对于区域内的国际快递业务来说，是一个亟待解决的问题。商务部的统计数据显示，2020 年我国跨境电商进出口额增长迅猛，达到 1.69 万亿元，增长 31.1%。然而，陕西自贸区在这一趋势下亟须加大对跨境电商物流发展的关注力度，以确保在全国范围内不被落下。

作为我国对外贸易的平台，陕西自贸区的物流服务发展必须与外贸发展同步进行，否则将严重影响我国进出口贸易的快速发展。加强服务模式的创新、提升服务质量和服务品牌建设，是未来陕西自贸区物流企业提升国际竞争力的关键路径。只有通过不断努力，陕西自贸区的物流服务才能够在国际舞台上崭露头角，为我国进出口贸易的繁荣做出更大的贡献。

（2）贸易环境存在不足

目前，陕西自贸区已成功吸引一批跨国公司在此设立总部，而这些企业提出了具体而个性化的要求。然而，就在满足这些个性化需求的过程中，陕西自贸区物流企业面临一系列挑战，其中包括缺乏足够的包容性，未能充分实现亲商、营商理念，对市场环境适应性不足，市场总体分析的深度有待提高，以及在差异化服务方面存在的一些缺陷等。这些问题直接影响了与某些跨国公司的合作，使长期有效合作变得相对困难。因此，为了保持吸引力并促进持续合作，陕西自贸区亟须在多个方面进行调整，以更好地满足国内外领军企业的需求，提升自身在国际舞台上的话语权。

（3）物流管理信息化程度低

近年来，在我国电子技术不断取得迅猛发展的同时，物流业逐渐成为一个备受关注的领域。尽管信息化技术在物流业中应用广泛，但仍面临着全自动运行难以确保的挑战。相关政府政策尚未积极推动信息化技术在物流业中的广泛应用，导致与行业相关单位的有用信息难以实现完美融合。具体而言，陕西地区的物流管理信息化技术存在一系列问题。首先，缺乏针对物流管理信息化应用技术的充分开发，导致物流管理信息化系统建设推动缓慢。其次，各企业之间存在信息孤岛，缺乏有效的信息共享机制，导致相互之间交换的数据资源相对稀缺。相对于物流系统发达的地区而言，陕西的物流管理体制发展水平相对较低，需要更多的政府政策加以支持和引导。促使信息融合和全自动运行的关键在于加强技术开发，提升企业间的信息共享意识，以及加速物流管理信息化系统的建设进程。通过这些努力，可以进一步提高陕西物流业的整体发展水平，逐渐缩小与国内外先进地区的差距。

（4）物流专业人才缺乏

物流业作为国民经济的新兴产业，其专业人才非常重要。国家统计局陕西调查总队在陕西省 11 个地市抽取 54 家物流企业开展专题调研，结果显示，54 家物流企业中仅有 6 家企业大学本科及以上学历人员占比为 4%，半数以上企业占比仅为 1%；专业物流人才占企业职工比例更低，部分企业甚至没有专业物流人才。企业从业人员素质偏低，缺乏系统的物流知识，对现代物流技术与装备了解较少，不能满足现代物流业发展的需要，特别是一些懂技术、会管理、市场开发能力强的专业型人才更是奇缺，“人才匮乏”已成为制约当地物流企业发展的主要因素。

4.2.3 陕西自贸区物流发展的机遇分析

（1）自贸区良好的发展势头

2022 年，陕西自贸区跨境收支总额达 350.39 亿美元，较 2021 年增加 26.01 亿美元，同比增长 8.02%，占陕西省跨境收支总额的 54.54%。陕西自贸区以不足全省 1/1700 的土地面积，创造了全省 70% 的进出口贸易额，吸引了全省 60% 的外商投资企业，实际利用外资额占全省的 40%。通过在陕西自贸区聚集各类生产要素，特别是保税航油、飞机保税维修、保税航材、零工创客、全球用工和跨境电商等多项业务积极发展，自贸区成功地实现了从无到有的转变，成功实现产业链条从断裂到连贯的目标。这一努力不仅推动了集成电路、生物医药、光伏等产业集群的不断成长，还释放了发展红利，并在全球范围内实现了与其他地区的共享。陕西自贸区在制造业和进出口贸易方面取得了显著成就，成为这些领域的集聚中心，同时带动了物流业随着各种市场要素的聚集而逐渐壮大，为物流业的发展创造了良好的势头。

（2）自贸区创新的发展模式

陕西自贸区以制度创新为核心，在投资改革、贸易监管、人文交流、产业发展等多领域累计形成创新案例近800项。2018年5月，陕西自贸区的“铁路运输方式舱单归并新模式”被国务院作为自由贸易试验区第四批改革试点经验在全国复制推广。从探索建立大型枢纽机场高效运转模式、开展“互联网+进口快件派送”跟踪、“一单式”空铁联运，到国际货物机坪“直提直装”、机场海关行邮税移动支付、综保区“分送集报”……通关监管的持续创新改革，推动了跨境贸易便利化水平不断提升，大大加快了自贸区内外的物流流通速度，从而为陕西自贸区创造出更多的货物周转空间，使转运效率得到了大幅提高。

（3）国家政策支持

陕西自贸区在物流业发展方面取得显著成就，主要得益于国家相关战略的有力支持。通过实施一系列利好政策，自贸区为企业提供了多样化的自由化跨境融资途径，进一步促进了物流行业的健康发展。在企业融资方面，自贸区整体方案着重鼓励企业充分利用境内外资源和市场，同时通过减轻初创企业的税收负担，吸引更多资金注入。这一政策举措为陕西自贸区创造了有利的投资环境，进一步推动了物流业的蓬勃发展。作为国家战略的一部分，陕西自贸区致力于构建开放的自由贸易和投资平台。通过先行尝试转变政府职能，自贸区加速推动贸易方式的转变，深化金融领域的开放创新。在自贸区建设中，注重在金融领域进行开放与创新，为企业提供更多融资渠道和金融服务。这一系列举措不仅为陕西自贸区的经济发展注入了新的动力，也为全国范围内的自由贸易实施提供了可复制和可推广的宝贵经验。因此，陕西自贸区在物流业发展中的成功经验成为其他地区学习借鉴的范本。陕西先后出台《中国（陕西）自由贸易试验区条例》《关于支持中国（陕西）自由贸易试验区深化改革创新若干措施的意见》《中国（陕西）自由贸易试验区进一步深化改革开放方案》《陕西自贸试验区协同创新区建设实施方案》等文件，发出了将改革进行到底的鲜明信号。

（4）物流企业需求增大

由于自由贸易环境和优惠政策的积极推动，陕西自贸区内的贸易量呈现出迅猛增长的趋势。在这一大背景下，各类物流设施将成为市场的关键支撑，而仓储、运输和供应链等服务也将成为瞩目的焦点。随着自贸区逐步降低或取消关税政策，更多企业将纷纷涌入自贸区，这将带来中转分销商品数量和种类的显著增加，推动物流业务需求迅速膨胀。这一变化不仅对运输和仓储等基础设施提出更高要求，也为物流服务企业创造了巨大的商机。企业将面临更为庞大且多样化的物流服务需求市场，这也使得企业利润不断攀升。同时，为适应市场需求的多样性，物流服务企业必须积极进行转型升级，不再局限于传统的仓储和运输业务，而是朝着多元化业务方向迅速拓展。

在这个发展趋势的推动下，物流服务企业还在业务中不断引入增值服务，如保税物流和加工物流等。这种全方位的服务提升不仅有助于企业提高竞争力，也为自贸区内的企业提供了更全面、高效的物流解决方案，推动了整个行业向更加专业、智能化迈进。

4.2.4 陕西自贸区物流发展的挑战分析

（1）激烈的竞争环境

在自贸区的背景下，物流服务企业面临着国内竞争的巨大压力，特别是在产品质量、客户服务、价格和供应链合作等方面。为了在激烈的竞争环境中生存与发展，自贸区内的物流企业势必制订切实可行的转型升级计划，以适应市场的不断变化和提高自身的竞争力。

值得注意的是，在自贸区内的竞争不仅局限于本地范围，还涉及与国内大型制造业企业的竞争。这些制造业企业对物流服务提出了更高的标准要求，要求物流企业在运营过程中保持高效率、高准确率和高服务质量。因此，物流服务企业在制订转型计划时，需要考虑如何应对这些挑战，以保持竞争力并提供符合客户期望的服务。

随着市场竞争的不断升级，物流行业逐渐向买方市场发展。传统的物流服务已经不能满足客户多样化的需求，因此企业需要重视现代综合物流服务和个性化物流服务。通过不断的创新和转型，物流企业可以更好地适应市场变化，提高服务水平，吸引更多客户，并在激烈的竞争中脱颖而出。

（2）贸易投资领域存在风险

中国经济正处于蓬勃发展的阶段，然而，面对一些国家采取的外商直接投资（FDI）保护主义政策，中国企业在海外投资面临诸多挑战和风险。这些挑战涉及多个方面，包括投资风险、法律理解、文化差异、政治局势等关键因素。在一些国家，由于中国企业对当地法律的理解不足，再加上政治局势的不稳定和法律制度的不健全，导致投资变得更为困难。

在这一背景下，投资服务体系成为一个亟待完善的领域。当前，我国缺乏一个健全的投资服务体系，尽管投资促进服务机构负有监管职责，但缺乏统一协调的管理办法。此外，这些机构在为对外投资企业制订投资计划和进行战略规划方面存在不足，同时收费较高，给企业带来一定负担。投资保险行业也面临高成本和烦琐的理赔程序等问题，这影响了对外投资的安全性和可持续性。

总体而言，我国对外投资管理体系亟待进一步健全和完善。为此，应该加强投资服务体系的建设，提高监管职责的执行效率，并制定更为合理的管理办法。投资促进服务机构需要加大对对外投资企业的支持力度，提供更为全面和专业的投资计划和战略规划服务。同时，应调整收费标准，使其更符合市场实际。此外，投资保险行业也需要简化理赔程序，降低成本，提高服务效率，以为对外投资企业提供更加可靠的保障。通过这些努力，可以更好地维护中国企业在国际投资中的权益，促进中国经济与全球经济的良性互动。

（3）法治环境仍需优化

推进陕西自贸区建设的总体目标之一是对接国际化高标准的法治环境。近年来，随着《中国（陕西）自由贸易试验区总体方案》

和《中国（陕西）自由贸易试验区管理办法》等文件的发布，法治环境优化取得了显著进展。然而，自贸区法律体系建设仍然存在一些亟待解决的突出问题。第一，自贸区法律法规与不同国家和地区的法律法规存在差异，缺乏有效衔接，导致资本流动性差，不利于自贸区的健康运作。第二，法治环境建设尚未形成特色，法律服务相对滞后，未能发挥陕西省司法资源优势。这一状况影响了自贸区对法治环境的有效引领和规范。第三，自贸区管理机制不够完善，自贸区片区与管理机构之间存在对应不足、协同度低、管理效率不高等问题。

为解决这些问题，亟须建立一个体系完整、框架合理、内容详细的自贸区法律体系，以提供强有力的法律支持，推动自贸区建设与发展迈上新的台阶。这涉及健全基础性法律、加强国际法规衔接、发展独特的法治环境和优化自贸区管理机制等方面的综合施策。只有通过这些努力，才能够为自贸区的可持续发展创造更为有利的法律保障环境。

（4）“负面清单”模式存在缺陷

《外商投资准入特别管理措施（负面清单）（2020 年版)》和《自由贸易试验区外商投资准入特别管理措施（负面清单）(2020 年版)》与 2019 年相比进一步缩减外商投资准入负面清单，其中全国外商投资准入负面清单由 40 条减至 33 条，自贸区外商投资准入负面清单由 37 条减至 30 条。虽然近年来负面清单数量减少，但是仍存在隐性壁垒。负面清单管理模式的独特之处在于，所有企业都能够在未被明确禁止的领域自由进入。然而，当前的核准管理体制和资金管理办法并未对其有明确规定，这给负面清单制度的发展带来了潜在的困难。此外，投资准入标准也缺乏明确定义，导致清单中的一些禁止规定适用范围不够清晰。最后，政府职能的转变并非易事。负面清单是一种全新的市场管理模式，需要政府进行相应的职能调整以更好地配合其运作。然而，政府一直在合同审批制度的模式中运作，因此需要修订相关规章制度来确保创新体制的实施。这是一项艰巨的任务，短期内难以实现。政府需要适应并接受这种新的市场管理方式，这需要时间和进行全面的改革。

4.3 陕西自贸区物流系统构成要素分析

4.3.1 物流需求主体分析

（1）物流需求主体现状

陕西自贸区内的企业在自贸区制度创新中获得了多项实质性的优惠。首先，商事制度改革使市场准入更加便捷，为企业创造了更加宽松的经营环境。其次，从事国际贸易的企业可以享受国际贸易单一窗口带来的通关便利，同时“走出去”一站式服务平台为企业提供了更加便捷的对外投资服务。这一系列变革反映了自贸区内政府、企业和市场之间新的紧密关系。在自贸区的推动下，企业发展不仅享受到了制度创新的红利，还受益于更加开放的经济环境。因此，自贸区内新设企业的增长趋势明显，吸引了各类企业入驻。随着自贸区入驻企业的不断增加，物流需求也将呈现增长趋势。

从 2017 年 4 月 1 日揭牌至 2022 年 2 月 28 日，陕西自贸区新设市场主体 109734 家，新增注册资本 10627.76 亿元。其中新设企业 71409 家（含外资企业 778 家），新增企业注册资本 10600.65 亿元（含外资企业注册资本 38.74 亿美元），新增注册资本亿元以上企业 1015 家①。

（2）物流需求主体类型

在陕西自贸区内，涉及物流需求的主体主要包括跨国公司、贸易企业、生产型企业，以及自贸区内的居民和海淘族。跨国公司在自贸区内从事多方面的业务，包括原材料采购和产成品销售等，因此对运输、仓储和配送等物流服务有着广泛的需求。贸易企业在进行国内商

① 数据来自陕西自贸区官方网站。

品调运和国际贸易进出口时，同样需要大量的物流服务，不仅包括传统的物流服务，还包括流通加工、保税仓、物流金融等多个方面。生产型企业在自贸区内不仅对原材料和产成品有复杂的物流需求，还需要专门的生产物流服务，涵盖零部件的运输、仓储和配送等方面。此外，陕西自贸区还充分满足了区内居民和海淘族的物流需求，为他们提供方便快捷的物流服务。总体而言，不同类型的企业和个人在自贸区内形成了多层次、多元化的物流需求体系。

陕西自贸区主要包括中心片区、西安国际港务区、杨凌示范区三大片区，各个区域所处的地理位置、环境特点不同，区内企业类型、物流需求特点也呈现一定的差异。

陕西自贸区中心片区重点发展战略性新兴产业和高新技术产业，形成了以电子信息、航空航天、生物医药等为代表的高端产业物流需求，具体的物流需求类型包括保税仓储、运输装卸、配送、通关等物流职能，在此基础上，高端产业物流需求方也提出了更高层次的物流服务要求，要求物流供给方能提供一体化、全流程、更能满足企业独特需求的物流服务。西咸新区 2021 年入区企业中 62.3% 为工业、建筑业、房地产等企业，37.7% 为第三产业，整体物流需求既包括安全性要求较高的大宗原料物流，也包括客户需求导向的第三产业物流需求，强调快速、灵活、定制化的服务，更加注重客户满意度和服务质量，同时需要灵活应对市场的快速变化。

西安国际港务区目前入区企业类型包括规模以上工业企业、建筑业企业、限额以上贸易企业、房地产开发经营业企业、规模以上服务业企业。工业企业和建筑企业的物流需求具有独特性。首先，这些需求通常是项目性的，必须根据不同项目的性质和规模进行调整。季节性需求也是一大特点，因为建筑项目受季节影响较大，所以需要根据季节变化来调整物流计划。其次，建筑企业需要处理大宗材料，如混凝土、钢材、木材等，这些材料通常需要大型运输工具和专业设备来处理。同时，建筑企业使用昂贵的设备和机械，需要特别关注维护和运输。时间敏感性也是一大关键点，因为项目通常有严格的时间表，所以物流必须确保材料和设备按时交付，以保证项目按计划进行。质量控制、多层次供应链、环境、安全性等因素也是建筑企业物流需求的重要考虑因素。综合而言，这些特点使得建筑企业的物流需求变得复杂多样，需要精心规划和协调。

杨凌示范区以农业科技创新、示范推广为重点，2021 年 1 月 27 日，国务院批复设立陕西杨凌综合保税区，按照“四园区一中心三平台”产业布局，建设设施农业装备及农业生产资料展示交易中心、种质资源保税研发园、高端食品加工园、生物医药及植物提取物产业园和跨境电商产业园，打造食品农产品检验检疫平台、特殊物品出入境供应链平台和上合国家特色农产品贸易平台。入区企业以农副产品生产加工企业为主。农副产品生产加工企业的物流需求特点包括季节性供需波动、保鲜和质量控制的重要性，大宗货物的运输要求，冷链物流系统的需求，对环境因素的敏感性，季节性销售和市场因素的影响，以及原产地标志和认证的考虑。这些特点需要物流系统具备较高的适应性、可持续性和效率，以确保产品在各种条件下安全、高质量地运输和分销。

通过对陕西自贸区物流需求的主体进行宏观情况分析可以看出，其主要涵盖了工业、建筑业、房地产开发业、农副产品加工业、高新技术产业以及贸易服务业企业。其中，生产加工业的大量原材料和产成品不仅需要运输和仓储服务，还牵涉包装、流通加工等多个物流环节。工业和房地产开发业企业对大量建筑材料的运输和仓储有着明显需求，而区内商贸服务业企业在销售产品、进出口商品以及满足海淘族购物需求时，都离不开运输、仓储和配送等多方面的物流服务。这表明在陕西自贸区，不同产业领域的企业都对物流服务有着迫切的需求，这些需求涵盖了整个物流链的多个环节。

4.3.2 物流供给主体分析

（1）物流供给主体现状

陕西自贸区市场准入门槛进一步降低，积极贯彻实施《外商投资法》及其实施条例，以及采用外资准入前国民待遇和负面清单管理模式，持续加大对外资的促进和保护力度。“证照分离”改革全面推行并不断深化，通过全覆盖试点，成功解决了企业在准入阶段面临的准入却无法开展经营的问题。截至2021年12月底，陕西自贸区内各类运输、仓储、货代等物流供给企业共5776个。

（2）物流供给主体类型

物流供给企业包含众多类型，包括从事陆路运输、空中运输以及联运服务的运输企业，负责货物存储、保管和中转的保税仓储企业，以及在货主与物流提供者之间扮演协调角色的货代公司等。第三方物流企业则提供包罗万象的货物集散业务，而专注于拣选、流通加工和配送等任务的配送中心则在供应链中扮演着关键角色。同时，辅助物流企业为整个物流体系提供多元化的服务，涵盖金融、保险以及广告等多个领域。

运输企业的职责主要集中在提供多样化的运输服务上，包括陆路、空运和联运服务，以满足不同客户的需求。保税仓储企业专注于货物的安全存储、精确保管和高效中转，确保货物在供应链中的畅通无阻。货代公司则在供应链中发挥桥梁作用，提供报关、报检、清关等服务，促进货主与物流提供者之间的协作。

第三方物流企业的服务更为全面，包括货物的集散、拣选等业务，为整个供应链提供综合性的支持。而配送中心在流通加工、拣选业务和最终配送环节中发挥关键作用，确保货物高效地从生产环节流向消费者手中。

此外，辅助物流企业提供了多元的服务，如金融服务、保险服务以及广告服务等，为整个物流供应链的顺畅运作提供全方位的支持。

这些物流企业共同构成了一个复杂而协调的网络，为商品的生产和流通提供全面的服务和支持。

4.3.3 物流基础设施系统分析

陕西自贸区物流基础设施可划分为两大类，即物流公共设施和物流专门设施（见表4－1）。

表4－1 陕西自贸区物流系统物流基础设施系统

类型	具体包括
物流公共设施	机场、铁路货运站、公路货运站、集装箱堆场等
物流专门设施	仓储设施、配送中心、物流中心、物流园区等

（1）陕西自贸区物流公共设施

陕西自贸区地理面积的95%地处西安，除区内物流基础设施建设外，主要依托于西安市的物流基础设施，因此本书将西安市物流基础设施作为陕西自贸区物流基础设施。

①公路基础设施。西安公路已基本形成一体互联、高效通达的国省公路骨架网，促进全市各区域融合发展，实现与关中平原城市群“十二市两区”互联互通。截至2021年12月底，西安高速公路通车总里程为653公里，西安外环高速公路全长270公里，由外环北段、外环南段，连霍、榆商、沪陕高速部分路段组成。路线经过西安市临潼区、高陵区，咸阳市泾阳县、礼泉县、兴平市，西安市鄠邑区、高新区、长安区、蓝田县，渭南市临渭区，是陕西省“2367”高速公路网规划的两条环形公路之一，对优化城市空间布局，提高路网通行效率起到极大的作用。

②铁路基础设施。截至2021年12月底，西安铁路网总里程为601公里，其中高铁总里程为224公里。“米”字形高铁网络格局初具规模。西安港成为全国首个陆路启运港退税政策试点内陆港，从西安国际港站始发的中欧班列已常态化开行16条主干线，覆盖欧亚大陆全境。中欧班列（西安）集结中心纳入国家示范工程，“长安号”

实现与国内 29 个省份主要货源地互联互通，相继开行了襄西欧、徐西欧、蚌西欧、唐西欧、永西欧、渭西欧、芜西欧等国际线路，覆盖中亚、中东及欧洲主要货源地和“一带一路”沿线 44 个国家，全年开行 3720 列，运送货物 281.1 万吨，质量评价指标位居全国第一。

③航空基础设施。西安咸阳国际机场成为西北地区最大的空中综合交通枢纽，截至 2021 年 12 月底，国内外通航城市 228 个，开通航线 383 条，累计开通全货运航线 35 条（2020 年在营 21 条），通达全球 37 个国家、77 个主要枢纽和经济旅游城市；年旅客吞吐量达到 3107 万人次（其中国际旅客吞吐量达到 38 万人次），全国排名第 8；年货邮吞吐量达到 37.6 万吨，全国排名第 10①。

（2）陕西自贸区物流专门设施

西安市目前已经投入运营的典型物流节点包括新地西咸空港物流园、六村堡物流中心、贝斯特物流中心和高陵东盈仓储物流园等。下面将重点介绍四个规模较大、充当物流枢纽的园区，即国际陆港、西咸空港、临潼现代物流园和长安引镇物流园的建设情况。

①国际陆港。自 2008 年确立，西安国际陆港已明确定位为我国首个不沿江、不沿海、不沿边的国际陆港，规划建设面积达 44.6 平方公里。截至 2021 年底，已成功建成并投入运营西安保税物流中心、西安铁路集装箱中心站以及“长安号”国际货运班列等关键物流基础设施。西安国际陆港拥有国家一类铁路口岸、进境粮食指定口岸、进境肉类指定口岸和汽车整车进口口岸等战略要地，与 14 个沿海、沿边的港口、口岸签署了合作协议，创立了独具特色的“港口后移、就地办单、海铁联运、无缝对接”的内陆港发展模式。

目前，西安国际陆港已初步塑造以现代商贸物流为主的现代服务业体系，包括大宗商品交易、电子商务、融资租赁、金融服务等多个领域。这一地区成功吸引了京东、国美、卡行天下、传化等知名物流

① 数据来自《陕西省“十四五”物流业高质量发展规划》。

企业以及多家世界500强企业的投资，推动了一系列重点项目的建设。综合来看，西安国际陆港已初步形成物流集群，为该地区经济发展注入了新的活力。

②西咸空港。西咸空港地理位置得天独厚，位于咸阳国际机场周边，通过整合铁路、航空和公路等多元化运输方式，成功打造成陕西唯一的国家一类对外开放口岸。其口岸资质广泛涵盖了进口冰鲜水产品、食用水生动物、药品等多个领域，其中进口水果口岸更是通过了相关考核。西咸空港规划面积广阔，达36平方公里，已经开通13条货运航线，形成国内北上南下、东进西出，以及通往欧美的国际直达货机网络，在西北地区占据独特的战略地位。国际空港物流园区，如丰树、普洛斯、新地等，以及知名电商快递企业，如申通、邮政等，纷纷选择在这里布局物流节点，为西咸空港的发展提供有力支持。临空经济成为其核心发展动力，围绕着电子商务、汽车产业等，西咸空港提供多元化的物流服务，包括仓储、保税、全球采购、国际分拨配送、简单流通加工、转口贸易等多个方面。西咸空港还着眼于引入高技术、高端服务业，以及以LED为主导的高端制造业等现代产业。这使得西咸空港初步形成了一个强大的物流产业集群，为整个区域的经济发展注入了新的活力。

③临潼现代物流园。临潼现代物流园创立于2011年。自创立至今，该物流园始终充分发挥区位优势。它坐落于临潼新区东邻、国际港务区西邻的黄金地段，毗邻秦汉大道，紧靠曲江临潼国家旅游度假区，交通快捷便利。整个园区规划面积达27.65平方公里，为临潼地区的现代物流发展提供了强有力的支持。临潼现代物流园的区位得天独厚——靠近陇海铁路、西康铁路，紧邻西铜高速、西禹高速——使其成为一个交通枢纽，便于物资的迅速流通。同时，园区还通过规划和建设，形成了便捷高效的物流网络，为各类企业提供了便捷的物流服务。物流园区汇聚了西安宝湾国际物流中心、嘉浩丝路科技产业园、泉通特种型材西北物流中心等多个重要物流项目，多元化的物流

业务涵盖了汽车、快消品、电商、特种型材、钢铁等多个领域。这些项目为临潼现代物流园的发展带来了丰富的资源和广阔的市场前景。园区不仅是物流业务的集聚地，同时提供全方位的物流仓储、加工、配送和贸易服务。各类企业在这里都可以享有适合自身需求的定制化服务，从而促进了园区内各类产业的良性互动和协同发展。目前，临潼现代物流园建成了多项功能，其辐射带动作用逐步增强，为临潼地区的经济发展注入了新的活力。

④长安引镇物流园。2009 年，长安引镇物流园在西安南站以西成立，充分利用了西安铁路南站得天独厚的交通位置。这一项目是陕西省着力打造的物流重点之一，规划面积约 12 平方公里。随着时间推移，该园区成功引入了一系列重要项目，包括华润化工、民生燃气、百丽鞋业等知名企业。未来规划中，长安引镇物流园着眼于建设铁路综合物流中心，旨在为陇海、西康等线的货运作业提供支持。通过积极的发展策略，该物流园已初步形成一个有活力的物流集群，为进一步的发展打下了坚实基础。长安引镇物流园不仅在地理位置上具备独特优势，更在引入多元化项目和打造综合物流中心等方面展现了强大的发展潜力。

4.3.4 物流信息系统分析

物流信息系统在物流供给主体和物流需求主体之间发挥着至关重要的沟通桥梁的作用，也是供需主体和管理机构共享信息的关键平台。这一系统涵盖了广泛的物流公共信息，包括需求信息、集疏运信息、仓储信息、口岸相关信息等。通过采用各种物流信息技术，如条形码技术、电子数据交换（EDI）、全球定位系统（GPS）、地理信息系统（GIS）、无线射频技术（RFID）等，物流信息系统能够加快物流供需主体与管理部门之间的信息交流速度，并实现电子商务和电子结算等关键功能。物流信息系统的存在和不断发展为整个物流行业提供了高效、便捷的信息化支持。

陕西自贸区物流信息相关技术包括支撑物流活动的信息技术和物流技术（见图4－1）。

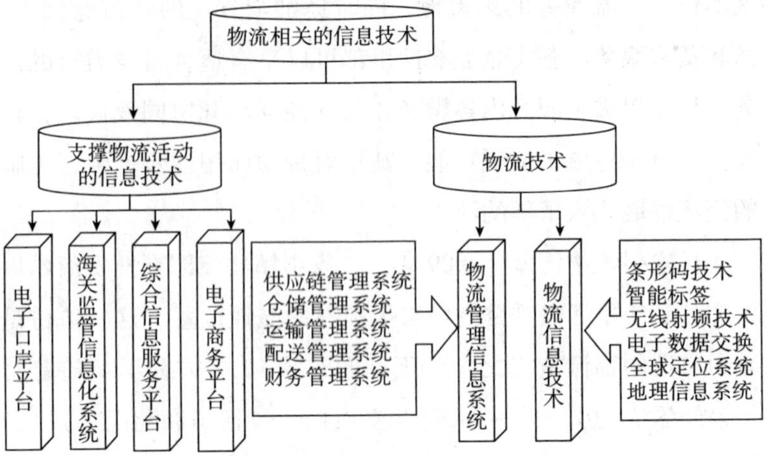

图4－1　陕西自贸区物流信息相关技术

4.3.5　物流保障系统分析

陕西自贸区的物流保障系统是一个综合性体系，包括物流政策保障、物流发展经济基础以及物流人才保障等关键要素。在物流政策保障方面，由管理委员会、海关、检验检疫部门等相关机构构建了一个完备的框架，通过制定和实施一系列优惠政策和便利政策，积极支持和推动自贸区物流业的不断发展。此外，陕西自贸区建立了完善的法规体系和协调机制，以确保物流业在有序运营的同时能够灵活应对各种挑战。经济环境在陕西自贸区的物流业中扮演着至关重要的角色，尤其依赖于西安市及其周边腹地的经济发展水平。这些地区的经济繁荣不仅扩大了物流需求，也为投资和发展提供了极为有利的环境。为了确保物流服务的正常运转和高效执行，陕西自贸区也需加强对专业物流人才的培养与引进，以满足日益增长的业务需求，推动整个物流行业朝着更加现代化和高效化的方向发展。

（1）物流政策

在陕西自贸区发展的背景下，省政府近期发布了一系列旨在优化营商环境的相关意见。同时，国家发展改革委也下发了通知，旨在促进自贸区外商投资和境外投资工作。此外，陕西省税务局、市场监管总局、海关总署等关键机构也纷纷发布通知，支持和促进陕西自贸区发展。值得一提的是，各自贸区片区也相继发布了招商引资的优惠政策，为吸引更多企业投资提供了有力支持。尽管这些政策并非直接面向物流业各个环节，但它们对物流供需主体的发展起到了积极的推动作用。这些综合性政策的实施，不仅降低了企业的经营成本，也为物流企业提供了一系列的优惠政策。这些优惠政策的实施进一步促进了物流效率的提升，为自贸区的发展注入了新的活力。

自贸区重点围绕贸易投资便利化、金融改革、“一带一路”合作交流等领域开展创新探索。在航空口岸，创新实施“直提直装”作业模式改革，特殊商品可实现24小时“随到随提、随到随装”。在铁路口岸，陕西自贸区全国首创的“铁路运输方式舱单归并新模式”被国务院复制推广，可有效节省企业90%以上的报关费用。陕西自贸区在全国率先实施“铁路进出境快速通关”模式，实现出口货物“装运发货即离境”、进口货物“一站到达”。

（2）经济基础

物流需求是一种由经济发展派生出的需求，随着经济的不断发展，物流需求也在扩大。与此同时，经济的扩张也将激发对物流产业增加投资，进而推动物流供给水平的提高。这种相互作用关系使得经济和物流之间形成了一种正向的促进循环，共同推动着彼此的发展与壮大。

①西安市经济发展水平概况。西安市统计局数据显示，2021年全年地区生产总值10688.28亿元（见图4－2），按可比价格计算，比2020年增长4.1%，两年平均增长4.6%。其中，第一产业增加值308.82亿元，增长6.1%；第二产业增加值3585.20亿元，增长0.9%；第三产业增加值6794.26亿元，增长5.7%。三次产业构成为2.89∶33.54∶63.57。全年人均地区生产总值83689元。非公有制经济

增加值占地区生产总值的比重为 53.5%。全年货物运输总量 27047.65 万吨，比 2020 年增长 5.2%；货物运输周转量 505.48 亿吨公里，增长 0.6%。全年社会消费品零售总额 4963.42 亿元，比 2020 年增长 0.8%。

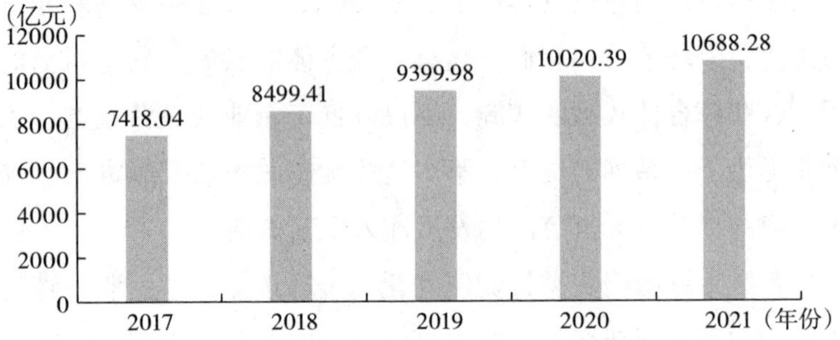

图 4－2　西安 2017—2021 年地区生产总值

资料来源：《西安市 2021 年国民经济和社会发展统计公报》。

对西安市的数据图进行观察可以看出，近年来，该市的生产总值呈现逐步上升的趋势，与此同时，其增长率出现了一定程度的回落。这种变化趋势与我国整体经济发展经历了增速换挡后所面临的转型阵痛相一致，也受到政策消化的综合影响。

为了适应经济发展的新形势，西安市积极推动物流产业的转型升级。这一转型并非简单地追求物流需求量的增长，而是更加注重物流产业内涵的集约式发展。通过提升内部运作效率和服务水平，西安市旨在实现物流产业的全面提升，使其在转型过程中能够更好地适应市场需求的变化。

在经济结构的调整中，西安市不仅关注经济增长的速度，还强调服务质量的提高。这种转变将有助于打造更为健康、可持续的经济发展模式，使得西安市在面对未来的经济挑战时更具有应对能力。

②陕西自贸区经济发展水平。陕西自贸区自成立以来取得了重要的阶段性成果，自贸区总体经济运行良好，2021 年全年陕西自贸区货物进出口总额 3375.3 亿元，占全省进出口总额（4757.8 亿元）的

70.9%，同比增长25.8%；国际（地区）航线货邮吞吐量7.55万吨，同比增长31.3%。陕西自贸区良好的发展形势，能够带动自贸区物流需求和物流业的资金投入，为自贸区物流业带来发展机遇。

（3）从业人员分析

陕西自贸区内物流业的运作需依托区内物流设施设备以及整个西安地区的物流交通设施，因此本书认为，陕西自贸区物流业从业人员应为西安市物流从业人员。随着物流产业近年来的迅速发展，产业规模不断扩大，对物流专业人才的需求也在逐年增加。通过对西安市交通运输、仓储、邮政业从业人员的分析（见图4－3），发现物流行业从业人员数整体呈上升趋势，为陕西自贸区的物流业发展奠定了坚实基础。

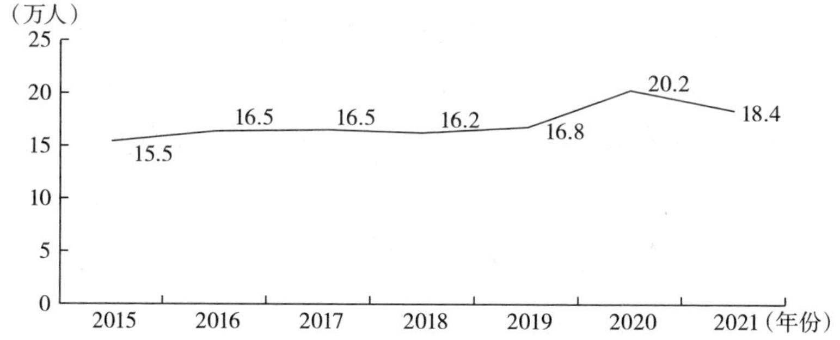

图4－3　2015—2021年西安物流从业人员数

资料来源：西安统计年鉴。

4.4　陕西自贸区物流系统供需分析

4.4.1　陕西自贸区物流系统物流供给与需求的界定

（1）陕西自贸区物流系统物流需求的界定

自陕西自贸区创立以来，入区企业的多样性和广泛来源为该区域经济发展带来了更多活力。陕西自贸区的服务对象主要集中在入区企业，其中具有物流需求的企业成为区内物流服务的主要需求方。这些企业的物流需求水平受到西安整体经济发展水平的影响，并且受到自贸区内其他有物流需求的企业的影响。

入区企业的多元性使得陕西自贸区内的物流需求主体形成复杂而多层次的结构。这些企业的类型涵盖了各个行业，从而导致了对不同类型物流服务的需求。同时，入区企业的地理来源广泛，使得物流需求主体的形成受到了地域因素的影响，不同地区的企业可能对物流服务有不同的侧重点和要求。

（2）陕西自贸区物流系统物流供给的界定

在陕西自贸区内，物流供给企业的服务范围不局限于满足区内企业的物流需求，而是更广泛地延伸至区外企业，涵盖了物流链的方方面面。西安市作为自贸区的核心，其运输网络、物流基础设施和物流人才的充足供给共同构建了陕西自贸区内物流需求主体所需的全面物流供给服务体系。这几个关键要素不仅共同塑造了西安市的物流服务供给能力，也代表了整个陕西自贸区物流系统的整体供给实力。

西安市的物流服务体系在陕西自贸区的发展中发挥着至关重要的作用，为区内外企业提供了全方位的物流支持。通过健全的物流系统和高水平的物流供给服务，陕西自贸区内的企业不仅能够顺利满足自身的物流需求，还能够借助这一完善的体系拓展业务辐射范围，实现更广泛的市场覆盖。因此，西安市的物流服务体系不仅是满足当前需求的工具，更是推动陕西自贸区经济繁荣的重要引擎，为整个区域的可持续发展提供有力支持。

4.4.2　陕西自贸区物流系统供需均衡的分析

陕西自贸区的物流系统是一个高度复杂的、综合性的系统，其主要目标为实现货物从供应地到需求地的高效流动，确保物流供需之间的平衡。这一系统的推动力主要来自物流需求主体、物流供给主体以及各种物流活动。物流均衡作为该系统的核心目标和基础，涵盖了静态均衡和动态均衡两个关键层面（见图4－4）。在静态均衡方面，强调的是确保物流需求和供给之间的紧密匹配，以维持系统的稳定运行。而在动态均衡方面，系统注重不断演进和优化，以适应市场需求和供给条件的持续变化。通过这种全面的均衡机制，陕西自贸区的物流系统能够灵活而高效地适应多变的市场情境，从而提高货物流动的效率和可持续性。

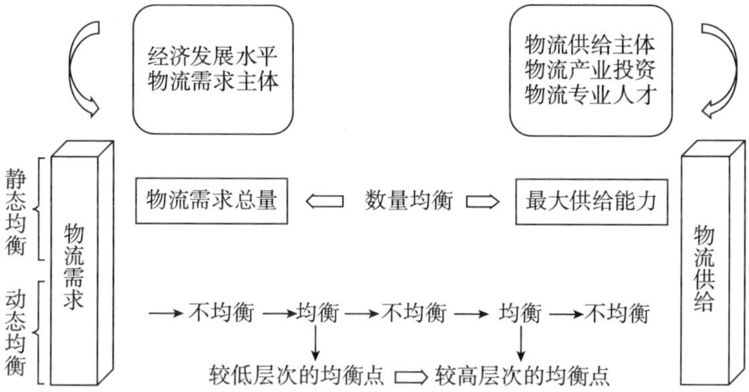

图 4－4 陕西自贸区物流系统供需均衡示意图

（1）陕西自贸区物流系统静态均衡

陕西自贸区的物流系统在维持静态均衡方面主要涉及对物流供需数量的巧妙平衡。所谓物流数量均衡，即确保在满足陕西自贸区内所有行业总物流需求量的同时，所有物流供给者的最大供给量不多不少。具体而言，这涉及对自贸区内物流网络、物流节点、物流企业和从业人员等供给量的巧妙调配，以确保其总体能够与自贸区物流需求的总量相匹配。这样的平衡状态不仅保证了自贸区物流系统的稳定运行，也保持了物流供给和物流需求之间的相对均衡，从而能够有效地满足各行业的需求。

（2）陕西自贸区物流系统动态均衡

陕西自贸区物流系统动态均衡描述了物流需求和物流供给之间不断变化和相互适应的关系。随着陕西经济水平的不断提升，物流系统经历了从不均衡状态到相对均衡状态再到不均衡状态的循环演变。随着经济水平的提高，激发了更多的物流需求，为满足这些需求，必须增加物流基础设施等物流供给的投入，以实现供需相对均衡状态。然而，过快增加物流供给的投入可能导致陕西自贸区物流系统再次陷入不均衡状态。因此，在实现陕西自贸区物流系统协调发展的过程中，必须适度控制物流供给增加的速度，并激发更多潜在的物流需求。这一动态均衡过程凸显了陕西自贸区物流系统的复杂性和多样性，以及在经济发展背景下不断调整和优化物流需求与物流供给之间关系的重要性。在不同阶段，必须灵活应对各种挑战，以确保整个物流系统的有效运作。

5

陕西自贸区物流系统动力学模型构建与优化

5.1 建模目的与模型假设

5.1.1 建模目的

在解决供给和需求问题的过程中，本书提出了一系列有效的解决对策，旨在实现物流系统供需的不断均衡和优化。不断均衡的目标是通过对系统动力学模型的参数和变量进行调整，使得系统能够在动态变化的环境中保持平衡状态。

通过对仿真数据的深入分析，本书全面总结了存在的问题，并在此基础上进行了参数和变量调整，以促使物流系统供需的不断优化。在问题总结的基础上，我们提出了未来的发展对策，旨在为陕西自贸区物流系统的健康发展提供理论和实践支持。在这一过程中，优化是关键，通过不断调整系统动力学模型，以适应日益变化的市场需求和环境变化，实现物流系统的健康发展。

5.1.2 模型假设

通过对陕西自贸区物流系统进行简化，运用模型仿真方法，探究该物流系统的运行特性。这些模型建立在一组研究假设的基础上，为深入研究和优化物流系统运作提供了理论支持。基本研究假设有以下几点：

①衡量经济发展水平的因素众多，为了简化模型，本书选用西安市的地区生产总值作为代表，同时将西安市的经济发展水平定位为由

GDP 自增长率决定。

②陕西自贸区物流需求受多种因素影响，本书以经济发展水平和居民消费对物流需求的影响作为假设。

③在考察陕西自贸区物流供给能力的影响因素时，本书选定物流投资额、物流人才数量以及物流政策作为关键影响因素。

5.2 陕西自贸区物流系统动力学分析

5.2.1 系统动力学适用性分析

系统动力学理论和方法在研究陕西自贸区物流系统的结构和变化方面呈现显著的适用性。陕西自贸区物流系统被识别为一个涉及复杂动态系统的案例，其功能、结构和行为均适用于系统动力学的研究范畴。系统内关键变量，包括区域生产总值、物流需求和物流供给，均呈现出随时间变化的趋势。此外，系统内各组成要素之间存在多种因果关系，形成多条反馈回路，使其具有高阶、多维度和非线性的特性，从而使系统动力学模型成为研究的理想工具。考虑到陕西自贸区成立时间较短，以及经济和物流数据的不完备性，系统动力学的低数据要求使其更适合本书的研究。

5.2.2 系统边界的确定

由于陕西自贸区成立时间较短，使得该区域内的统计资料相对不够充分和详细，存在较大的限制。由于陕西自贸区主要区域在西安市内，因此本书选取了西安市的部分统计数据（见表 5－1），并对这些数据进行了一定程度的处理和转换，采用了 SPSS 软件对陕西自贸区的数据进行预测，并基于这些预测数据对物流系统进行了深入分析。

本书对陕西自贸区的实际数据进行仿真分析，引入物流投资额、物流人才、物流政策等相关影响因素，探析以上因素对区域物流发展的影响。

表 5－1　2010—2020 年西安市部分统计数据

年份	西安市地区生产总值/亿元	第一产业生产总值/亿元	第二产业生产总值/亿元	第三产业生产总值/亿元	社会消费品零售总额/亿元	货物周转量/亿吨公里	西安市社会物流总额/亿元
2010	3195.05	133.22	1290.93	1770.89	1765.42	430.17	6240.95
2011	3791.71	165.43	1516.30	2109.98	2146.43	521.20	7430.10
2012	4370.16	181.12	1726.70	2462.35	2530.95	595.87	8725.36
2013	4960.23	182.60	1946.58	2831.05	2898.62	647.15	10496.84
2014	5576.98	191.58	2152.43	3232.97	3277.33	623.41	11469.53
2015	5932.86	191.91	2070.47	3670.48	3620.90	643.01	12290.16
2016	6396.36	196.66	2139.49	4060.21	4012.44	552.13	14122.00
2017	7418.04	245.26	2452.92	4719.86	4422.72	597.91	16372.00
2018	8499.41	258.98	2861.86	5378.56	4854.70	518.90	18585.00
2019	9399.98	279.13	3130.80	5990.06	5140.93	519.01	20575.00
2020	10020.39	312.75	3328.27	6379.37	4989.33	502.70	21319.69

资料来源：西安统计年鉴。

5.3　陕西自贸区物流系统动力学模型构建

5.3.1　因果关系分析

因果关系图用于展示系统内部各变量之间的相互关系。在本书中，我们建立了区域物流供给子系统、需求子系统、经济系统的因果关系图（见图 5－1），内含三个具体的反馈回路：

（1）经济发展与物流之间的正反馈回路

经济发展与物流之间存在一种积极的相互影响关系，形成了一个正反馈回路。具体而言，随着地区生产总值的增加，物流业投入也相应上升，包括对物流人才的投资、物流相关政策的投入以及物流固定资产的增加等方面。这些投入进一步提高了地区的物流供给能力，为区域物流的发展创造了有利条件，从而带动了物流产值的增加，增加了经济总值。

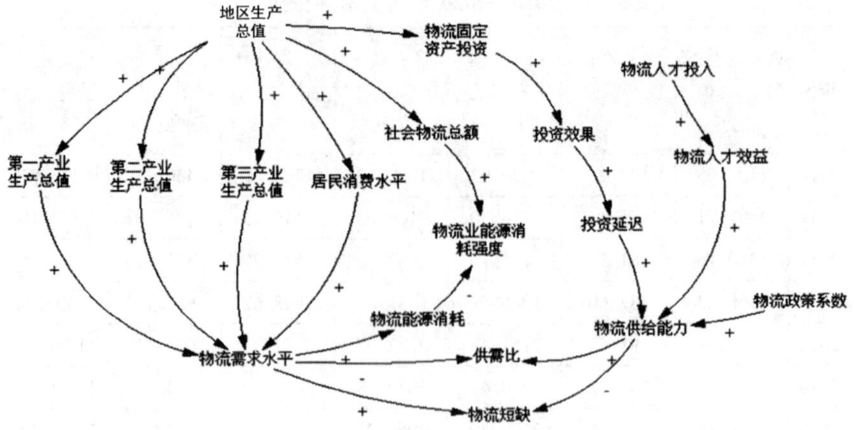

图 5－1　区域物流发展因果关系图

（2）物流需求与物流短缺之间的负反馈回路

地区经济增长在推动各产业投资上发挥了关键作用，同时随着生产和生活消费的增加，物流需求也得到了提升。然而，若无法及时满足这一增长的物流需求，就可能引发物流供给不足的问题，导致物流短缺，从而阻碍物流行业的进一步发展。

（3）物流供给与物流短缺之间的正反馈回路

通过积极推进区域物流发展，不断增加对物流业的投入，提升物流供给能力，自贸区可解决因物流需求增长而产生的物流短缺现象，从而促进物流发展。

5.3.2　系统流图构建

在因果关系分析的基础上，确定各要素之间的联系，通过 Vensim 软件构建区域物流发展系统流图模型，如图 5－2 所示。

通过设定系统模型变量，可以列出数学表达式如下：

区域 GDP 增加量＝区域 GDP × 区域 GDP 自增长系数，其中区域 GDP 初始值取自 2010 年实际地区生产总值。

区域 GDP 自增长系数：使用系统动力学中的 WITH LOOKUP 函数，将 2010—2020 年区域 GDP 的实际增长率代入，其中 2030 年的数值取 2010—2020 年 GDP 增长率的平均值。

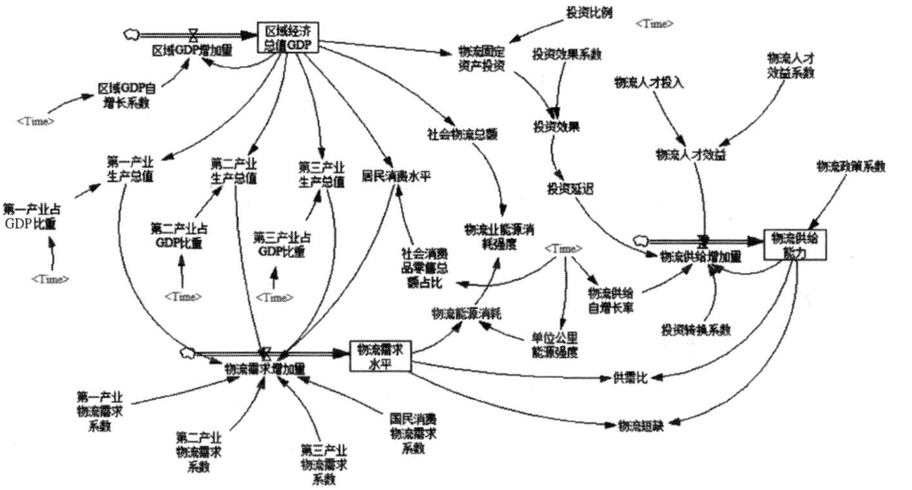

图 5-2 区域物流发展系统流图

第一、第二、第三产业占 GDP 的比重：也采用系统动力学中的 WITHLOOKUP函数，选取 2010—2020 年各产业的实际增长率，因为三大产业的占比数值趋势不会改变，采取就近数值法，2030 年的数值在 2020 年的基础上延续，第二、三产业占比值类似。

物流需求增加量 = 居民消费水平 × 消费水平影响系数 + 第一产业生产总值 × 第一产业物流需求系数 + 第二产业生产总值 × 第二产业物流需求系数 + 第三产业生产总值 × 第三产业物流需求系数

物流固定资产投资 = 区域经济总值 × 投资比例。其中，物流固定资产以西安统计年鉴中交通、仓储和邮政业固定资产投资为依据。

物流供给增加量 = 投资延迟 × 投资转换系数 + 物流人才效益 + 物流供给能力 × 物流供给自增长率

投资效果 = 物流固定资产投资额 × 投资效果系数

投资延迟 = DELAY3（投资效果，3）

物流供给能力 = INTEG（物流供给增加量 × 物流政策系数，初始值）

供需比 = 物流供给能力/物流需求水平

物流短缺 = IF THEN ELSE（物流需求水平 > 物流供给能力，物流需求水平 − 物流供给能力，0）

5.3.3 参数估计与检验

（1）仿真模拟

通过西安统计年鉴、国民经济和社会发展统计公报等渠道，获取仿真所需数据（见表 5－1），模型运行时间为 2010—2030 年，仿真步长设置为 1 年。

（2）参数估计

物流需求系数：货物运输是物流过程中真正实现产品位移的中心环节，本书用货物周转量界定物流需求水平和物流供给水平。其中，Y 表示物流需求增加量（亿吨公里），X_1、X_2、X_3、X_4 分别表示第一、第二、第三产业生产总值和社会消费品零售总额（亿元），将相关数据进行回归分析，得到如下回归方程：

$$Y = -0.803258X_1 + 0.0407741X_2 + 0.131876X_3 - 0.17X_4 + 256.7$$

物流政策系数：物流投资量能否很好地提升物流供给能力，与物流投资政策、物流管理、物流规划等因素有关，物流政策系数指宏观政策对区域物流发展产生的影响，包括投资、税收优惠、财政补贴等。物流政策系数一般为正影响，初步设置为 1。

其他参数在借鉴文献的基础上，根据物流投入金额转化为物流供给能力的比率，投资转换系数取值为 0.3，物流人才效益系数为 1.2，物流人才投入以交通运输业人员数为依据。投资效果系数根据实际情况设定为 0.3。

（3）模型检验

在仿真模型中，对输入的数据进行检验，以保证其运行的精度较高。结果显示，在 2010—2020 年的可比数值中，数据误差基本控制在 15% 以内，说明该模型描述的行为和系统实际状态基本相符，模型真实有效。

物流供给能力和物流需求水平基本持平，符合陕西自贸区物流供需结构调整的趋势，模拟情况基本合理：供需比在0.8与1.2之间浮动（见图5－3），与实际情况基本相符，模拟运行效果可参考。

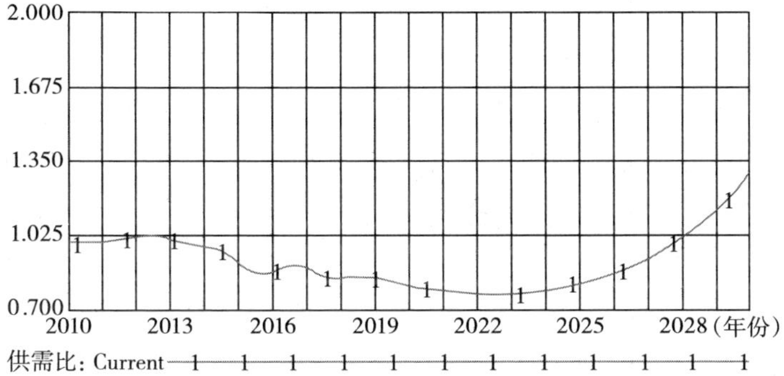

图5－3 供需比仿真趋势图

5.4 陕西自贸区物流系统动力学模型优化

5.4.1 仿真优化分析

（1）西安经济发展水平预测

利用模型对陕西自贸区物流系统与供需相关的各个变量进行长期预测，可以对陕西自贸区物流系统供需发展有大致的了解。

从图5－4可以看出，西安区域经济总值呈现出稳定增长的趋势，预计2030年西安区域经济总值将达到33082.3亿元，西安经济的稳定增长将为陕西自贸区物流系统的发展创造良好的经济环境。经济的增长能为物流业投资提供大量的资金支持，也将刺激陕西自贸区的物流需求增长。随着经济增长，居民消费水平也呈持续增长的趋势，居民消费的增加将直接带动物流需求的增加。

（2）物流需求量和物流供给能力情况

物流需求水平、物流供给能力、物流供需差异如图5－5所示，陕西自贸区内物流供给自2015年后小于物流需求水平，到2021年前供需差距逐渐增大，模型趋势显示，到2025年之前物流供需之间差距基本呈现稳定状态，2025 年后供需差距开始缩小，直至 2028 年供需达到平衡，2028 年后物流供给超过物流需求水平。

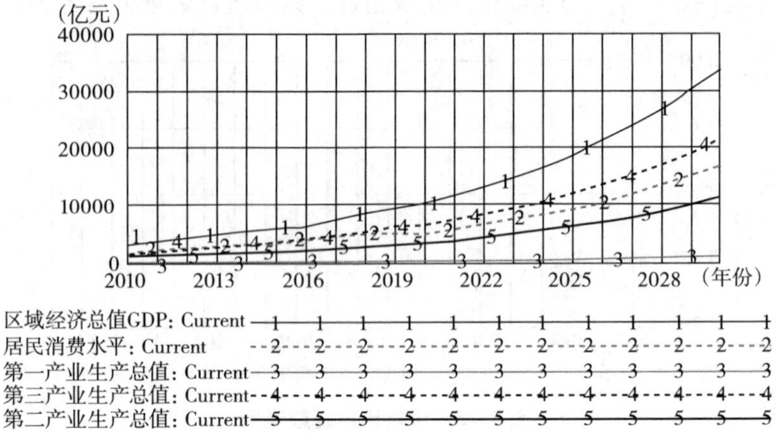

图 5－4　西安区域经济总值及居民消费水平和三大产业仿真趋势图

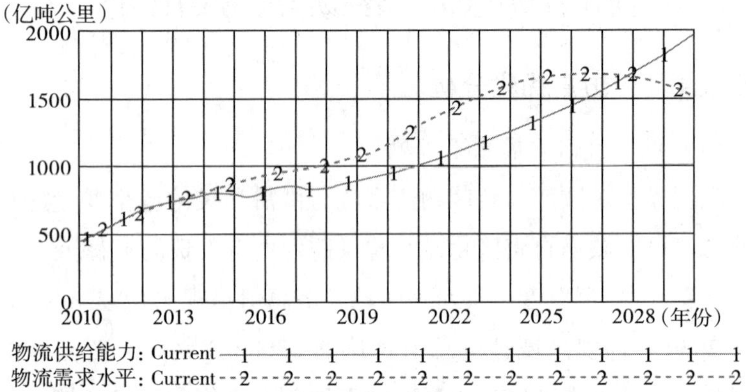

图 5－5　物流供给能力和物流需求水平仿真趋势图

（3）投资效果系数

投资效果系数是指单位投资额产生的供给能力增加量。下面改变投资效果系数，将初始值 0.3（Current）分别改为 0.4（Current1）和 0.6（Current2）并进行模拟。随着投资效果系数的增加，物流供给能力也在提升。2025 年，当投资效果系数提升了 33% 时，物流供给能力相应提升 8%；当提升 100% 时，物流供给能力相应增加 25%（见

图5-6)。2028年，随着物流供给能力的增加，供需比变化趋势同样明显，物流供给能力也能更好地满足物流需求水平。

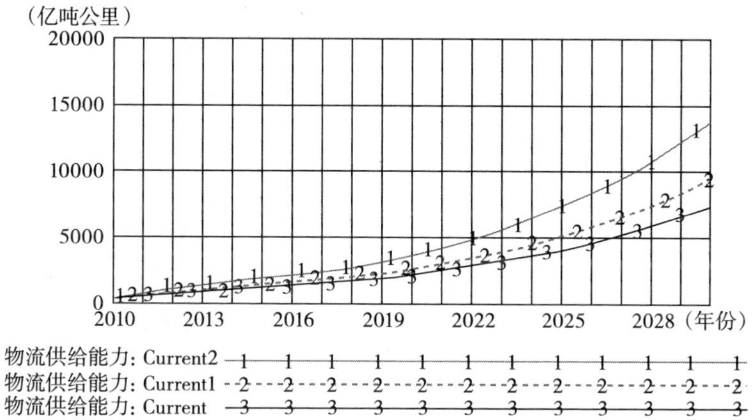

图5-6 不同投资效果系数下的物流供给能力

(4) 物流人才效益系数

物流人才效益系数是指物流人才对物流供给能力的贡献，现实生活中主要体现在随着市场需求逐步增大，对物流人才的需求也与日俱增上。下面先改变物流人才效益系数，将初始值1.2（Current）改为0.8（Current1），即物流人才市场供不应求；改为1（Current2），即物流人才并未产生任何正面的或负面的效益；改为1.4（Current3），即物流人才效益较好，发挥了积极作用。然后，分别进行模拟。随着物流人才效益系数的改变，物流供给能力也在发生变化，但总体变化不明显（见图5-7)。2025年，当物流人才效益不产生任何影响（物流人才效益系数为1）时，物流供给能力相应数值为4027.66亿吨公里；当物流人才效益系数下降20%时（物流人才效益系数为0.8)，物流供给能力相应数值为3971.59亿吨公里，物流供给能力相应减少1.39%；当物流人才效益系数提升40%时（物流人才效益系数为1.4)，物流供给能力相应数值为4139.79亿吨公里，物流供给能力相应增加2.78%。

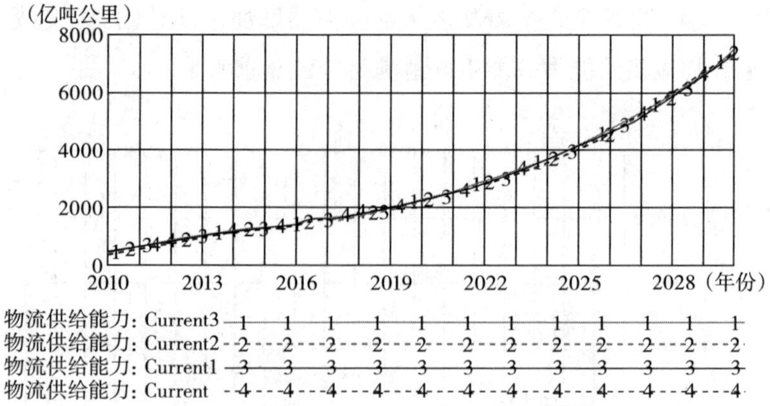

图5－7 不同物流人才效益系数下的物流供给能力

（5）物流政策系数

物流政策系数是指国家或政府制定的与物流相关的公共政策，在施行的过程中对物流供给能力产生的影响。由于国家的政策是符合社会发展规律的，所以物流政策一般不会产生负面影响，主要包括物流的法律法规、措施（对策）、政府对物流活动的直接引导等。下面改变物流政策系数并进行模拟，设初始值为1（Current），即不产生任何影响。将初始值分别调整为0.9（Current1）和1.1（Current2）并进行模拟（见图5－8）。显然，政策产生的影响与物流供给能力的变化呈正相关，物流政策的发布有助于物流供给能力的提升。

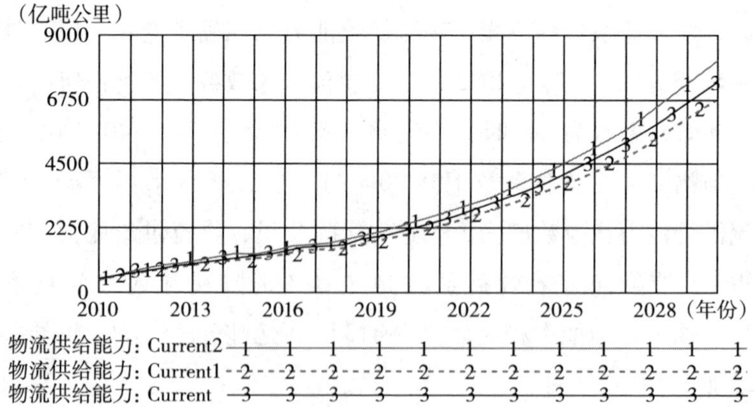

图5－8 不同物流政策系数下的物流供给能力

(6) 产业结构的变化

通过改变三大产业占比系数来探讨产业结构对物流需求水平的影响。下面分别上调第一产业 (Current1)、第二产业 (Current2)、第三产业 (Current3) 占 GDP 的比重，上调比例均为 1%，分析其变化对物流需求水平产生的影响 (见图 5－9)。

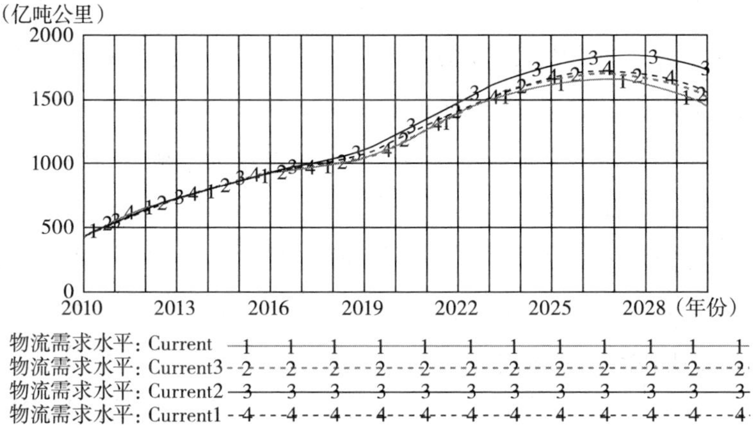

图 5－9 产业结构不同下的物流需求水平

2025 年数值结果显示，第一产业占比上调 1%，对物流需求正向带动 2.0%，第二产业占比上调 1%，对物流需求水平正向带动 6.7%，第三产业占比上调 1%，对物流需求水平正向带动 1.1%，如若继续该比例，则随着年份增长，该影响也会逐渐加大。三大产业比重的增加对物流需求都带来正向影响，其中第二产业比重增加的带动作用较大。

5.4.2 模型优化策略

①通过对物流系统进行仿真模拟，发现在实现供需平衡发展的过程中，关键在于综合考虑供需结构平衡。在这一过程中，需要确保供需比围绕 1 上下波动，以维持相对平衡的状态。这样的平衡环境能够最大化利用供给资源，实现物流供给和物流需求之间的差额最小化，从而保持物流短缺为非正值。同时，确保各子系统之间的效益最大

化。通过优化子系统的运作，可以进一步提高整体物流系统的效率和可持续性。因此，我们要关注供给资源的最优配置、物流供给和物流需求之间的平衡，以及子系统的协同作用，它们是实现综合平衡的关键因素。这样的综合平衡不仅有助于保持物流系统的稳定性，还能最大限度地提升整体效益。

②通过系统动力学方法进行区域物流供需平衡分析，可以得出一个重要结论，即投资效果系数在塑造物流供需平衡发展状况中具有至关重要的作用。首先，经济的发展水平直接影响对物流行业的投资力度，进而影响物流业的整体发展。而将此种投资转换为实际供给效果是其中的决定性因素。其次，通过模型仿真和系统模拟观察到，投资效果系数的增长可以有效提高物流的供给能力。这对满足由经济发展引发的不断增长的物流需求至关重要，有助于避免物流短缺的发生。

③在推动物流供需平衡发展方面，物流人才起正面积极作用。模拟结果清晰地展示了物流人才对实现高质高效物流供给的积极影响。为了达到这一目标，必须着重培养专业型人才，并采取相应措施建立现代化的物流人才激励机制。同时，加强物流相关教育和技术投入是关键之举，这有助于满足不断增长的物流需求，为完善物流发展模式提供有力支持。物流人才作用的发挥对实现物流供需平衡和取得显著效益具有重要意义。

④基于供需平衡的观点，可以将物流政策以定量方式纳入系统动力学模型，以评估其对区域物流发展的影响。研究结果清晰显示，物流政策与区域物流发展之间存在显著的正相关。随着物流业对国民经济的积极推动作用逐渐凸显，陕西省政府部门近年来积极推出一系列物流政策，典型如《陕西省“十四五”物流业高质量发展规划》和《促进商贸物流高质量发展若干措施》等。这些政策在推动制定一致的标准、构建现代化的物流体系，以及完善物流市场制度等方面发挥着积极作用。因此，未来持续推出的相关物流政策将有助于引导物流企业和物流园区明确发展目标，提高效能水平，推动整体协同发展。

⑤产业结构紧密关联着物流需求水平，从而对物流供需平衡的演进造成间接影响。仿真结果揭示了物流需求水平与三大产业产值之间呈正增长关系，第二产业对物流需求的影响程度尤其显著。通过促使产业结构合理化，可有效推动物流业的蓬勃发展。在面对供需不平衡的情况，特别是在物流供给过剩的局面下，以第二产业为切入点采取相应措施能够最为有效地激发物流需求。

6
陕西自贸区物流系统发展经验借鉴

6.1 国内外自由贸易区的现状特点

在全球经济一体化的助推下，自由贸易区的建设迅速展开，各国通过合作往来积极参与，实现了令人瞩目的发展。这一过程中，自由贸易区取得的利润不仅提升了各国的国际地位，还在全球范围内产生了积极的刺激作用，为其他国家提供了宝贵的建设经验，同时激发了它们开展自由贸易区建设的兴趣，形成了一种相互促进的良性循环。

经过数十年的演变，自由贸易区呈现出综合功能不断提升的发展态势。积累了丰富经验的自由贸易区吸引了大量企业入驻，其管理制度逐步完善，整体竞争力得到显著增强。这种全面提升的趋势使得自由贸易区成为全球经济中不可忽视的重要组成部分。

健全的基础设施建设是自由贸易区发展的关键环节。在选址阶段，应充分考虑未来的发展需求，选择基础设施完善的区域进行建设，并投入大量资金以提升经济载体的能力。这一举措旨在为自由贸易区提供强有力的支持，确保其在全球经济中起到更加积极的作用。

自由贸易区的监管工作更加严谨，体现了政府在发展过程中的不断摸索和尝试。通过不断修改和完善政策、法律和制度，确保自由贸易区良性发展，及时解决运行中的各种问题。这一严谨的监管机制为自由贸易区的可持续、健康发展打下了坚实的基础，为其在全球经济中的长期稳定运行提供了有力的支持。

6.2 国内外自由贸易区发展模式分析

自由贸易区的功能与本国、本地区的政策、经济、社会、交通等众多因素息息相关。鉴于不同自由贸易区的功能差异以及本国或本地区的发展水平不同，自由贸易区的发展模式也呈现出多样性，可以概括为以下四种主要模式。

6.2.1 以转口贸易为主的自由港模式

自由港的概念涵盖了一个独特的贸易区域，其功能包括进口、出口、仓储、加工和再出口商品，其管理责任可以由政府或私人企业来承担。这一概念的核心目标在于塑造一个卓越的商业环境，旨在吸引国际贸易和投资。转口贸易是自由港模式的重要组成部分，指的是将货物从一个国家进口到自由港，然后经过加工、包装，再出口到另一个国家，从而避免了在自由港内对货物缴纳关税和其他税费的需要。自由港的转口贸易模式通常会在进口和再出口之间进行加工和包装等增值服务，以提高货物的附加值，并且可以使商品更适合目标市场的需求。

这一贸易模式在全球贸易体系中发挥着至关重要的作用，尤其对于迫切需要在国际市场上开展贸易的发展中国家而言，具有深远的战略价值。自由港的发展理念特别适用于地理位置具有优势但市场容量相对较小的国家或地区，典型代表为新加坡和中国香港。

通过积极推动自由港的发展，这些地区能够在全球主要贸易通道的关键位置上推动经济蓬勃发展，增加外汇收入，促进技术和知识的转移，并吸引更多外国直接投资。各种优惠政策，如免税、免报关等，为自由港的繁荣创造了有利条件，使其成为国际贸易的战略性中心。政府与私人企业的密切协作使得自由港能够高效运作，为商业界提供了一个灵活而高效的贸易平台。

6.2.2 大宗物流的贸易集散模式

大宗物流是指广泛涉及煤炭、矿石、原油和谷物等大宗商品运输的复杂物流活动。在这个领域中，贸易集散模式是一种被广泛采纳的商业模式，其核心理念是将来自不同地区的大宗商品集中到一个物流枢纽，通过一系列的分类、仓储、加工和再分配流程，实现对这些商品的高效管理。

这种贸易集散模式的优势显而易见。首先，它通过集中管理，有效地降低了仓储成本，使得大宗商品的存储和管理更为经济高效。其次，通过科学合理的物流运输规划，这种模式能够提高运输效率，减少时间和成本的浪费。而且贸易集散模式的灵活调整特性使其能够根据市场需求和供应变化进行及时调整，以确保物流体系的高度灵活性。

除经济层面的表现外，贸易集散模式还在地区发展中发挥了积极的推动作用。通过集中处理大宗商品，有效整合了资源，激发了地区经济的创新活力，推动了产业结构的升级和技术水平的提升，为地方经济的全面发展注入了新的动力。

实际运用中，一些港口城市如鹿特丹和不来梅在自贸区的建设中采纳了贸易集散模式。尽管这些城市可能地理位置相对较偏，但因其在欧盟贸易中的关键地位，通过巧妙运用贸易集散模式成功实现了自由贸易区的蓬勃发展。这表明贸易集散模式在全球化的经济环境下为城市和地区提供了一种行之有效的路径，使其在国际贸易中扮演了不可替代的角色。

6.2.3 以出口加工为主的边境自由工业区模式

在国际贸易中，出口加工成为主导的边境自由工业区模式已经成为一种常见而有效的商业模式。这一商业模式的起源可以追溯到20世纪70年代，其演变经历了自由贸易区和自由港等形式。该模式的核心特点在于政府将特定范围的土地和资源划拨给外商或合资企业，这些企业以出口加工为主导业务，并涉足加工、装配和生产等多个环节，其生产的产品主要面向国际市场。

为了吸引外资和引进先进技术，这些企业享受一系列优惠政策，包括但不限于免税、免许可证和免汇率管制等，旨在降低企业的经营成本，从而刺激其在该区域的投资和发展。这一模式的实施促进了本地区经济的蓬勃发展，为国际市场提供了具有竞争力的产品。因此，出口加工在边境自由工业区中的应用，对推动经济发展和促进国际贸易具有积极而重要的作用。

边境自由工业区模式在多个方面表现出显著的优势。首先，通过在自由工业区内实施免税政策，企业能够有效地削减成本，为其经营提供了有力支持。其次，这一模式能够吸引更多外商投资，引进先进技术，从而为本地区的经济发展注入强大的动力。再次，自由工业区内的企业专注于出口市场，致力于提高产品质量和生产效率，推动了出口产品质量和数量的显著提升。最后，该模式有助于促进区域的全面发展，提高就业率，对本地其他产业的增长产生积极的影响。因此，边境自由工业区模式以其免税、外商投资、技术吸引等优势，在经济和区域发展方面发挥了积极的促进作用。

一系列内陆地区，特别是墨西哥北部边境，充分利用其与美国相邻的地理优势并将其作为关键战略。在这片地区，马魁拉多拉崛起为一个引人注目的边境自由工业区，为企业提供了独特的生产和加工基地。该地区成功吸引了来自美国、日本和欧洲等地的大量企业，形成了一个繁荣的经济生态系统。约 80% 的工业区产出通过出口流向美国，这符合典型的边境自由工业区模式，彰显了地理位置的经济战略价值。美国作为主要的合作伙伴，与墨西哥北部边境形成了紧密的经济联系，促进了双方的共同发展。其他一些近代工业化国家和地区，如中国台湾、马来西亚、印度尼西亚和韩国等，尽管起步相对较晚，缺乏完善的建设体系和港口条件，但它们在 20 世纪全球经济调整的背景下迅速崛起。这些地区致力于构建以出口业务为主的“自由贸易区”，其中大多数也扮演出口加工区的角色，为国际贸易提供了关键的“储运服务功能”。总体来说，这些内陆地区通过建立具有地理优势的工业区，成功吸引了全球范围内的企业，推动了地方和国际经济的发展。这种模式在全球经济调整中得到了验证，为各国提供了有效的合作框架，实现了共赢发展。

6.2.4　以开发资源为主的进口替代型自由贸易模式

以开发资源为主的进口替代型自由贸易模式的核心理念在于充分发掘和利用本国独特的资源、先进的技术水平以及庞大的市场规模，以替代传统的进口模式，旨在减少对外部供应的依赖，并在国际市场上提升本国产业的竞争力。在这一模式下，政府发挥着关键作用，通过制定积极的政策、采取关税保护和提供有力补贴等手段，致力于为本土企业创造良好的生存环境；同时，借助本国丰富的人力资源、自然资源和技术创新，替代进口产品，以逐步降低对外部市场的依赖。通过这一策略，推动本国企业在生产技术和产品质量方面不断提升，实现产业的升级和可持续发展。总体而言，该模式明确将国内市场作为发展引擎，强调加强本土产业在国内市场的竞争实力，相较于以出口为导向的贸易方式，该模式更强调在国内市场中取得稳固和扩大的份额。

为了充分利用亚马孙州的资源，巴西政府于 1957 年创设了玛瑙斯自贸区，将这一区域划为自贸区，实行独立的经济政策。这一自贸区的范围广泛，与其他地区相隔离，使其在经济上相对独立。这也为亚马孙州提供了一个有利的经济环境，特别是在进出口贸易和加工出口方面有了更大的自主权。在自贸区的支持下，亚马孙州不再仅依赖进出口贸易或简单的加工出口，而是更加注重自身资源的全面开发。这意味着加大对该地区丰富的自然资源的开发力度，以满足国内需求并降低对进口的依赖。这一战略的成功执行使亚马孙州取得了显著的工业化建设成果，在自由贸易的模式下实现了经济的长足发展。综合来看，亚马孙州通过合理规划自贸区和制定资源开发战略，成功实现了工业化建设的目标，为该地区的经济繁荣注入了新的活力。

总体来说，全球各地的自贸区呈现多种形式，并且分布广泛。对于占地面积较小但拥有充足劳动力的地区来说，其自贸区以出口加工业务为主导；对于拥有完善港口建设和优越交通位置的地区来说，以转口港业务为核心；而对于大国来说，在具有地理优势和丰富资源的情况下，自贸区建设则呈现多样化趋势，既在经济发达地区建设多功能自由贸易区，也在具有特殊条件的地区打造特色自由贸易区。在一个国家内，自由贸易区因地理位置的不同而发挥着不同的作用。以美国为例，迈阿密对外贸易区和纽约对外贸易区有明显差异。前者以转口贸易及相关服务为主要业务，而后者专注于进口和进口加工业务。这凸显了自由贸易区在国家内部因地理差异而呈现多样性，应因地制宜地发展各具特色的自由贸易区，以更好地促进经济发展。

6.3 发展中国家典型内陆自贸区及其建设

在中国设立自由贸易（试验）区之前，很多发展中国家早已设立了自己的内陆自贸区或类似概念的经济区，尽管它们的目的各不相同。举例而言，巴西设立的玛瑙斯自贸区的主要目标是解决巴西南北地区之间经济发展不平衡的问题，而印度的诺伊达自贸区（Noida FTZ）则旨在疏解首都新德里的过剩劳动力和资本等要素。以下对它们的情况和功能进行详细分析。

6.3.1 波兰罗兹经济特区

（1）波兰罗兹经济特区总体概况

波兰，这个东欧发展中国家，正面临海运条件不理想的挑战。自20世纪90年代实行市场经济模式以来，波兰一直在寻找摆脱海洋路径束缚的开放型经济突破口。1994年，为了促进经济发展，波兰政府决定设立具有自由贸易和自由投资特征的经济特区（Special Economic

Zone)，采用成立特区合资公司的形式对企业进行管理和支持，侧重于提供咨询服务而非直接参与生产性任务。波兰如今拥有 14 个经济特区，广泛分布在 10 个省份，采用一系列激励政策，包括税收减免、减少产业限制和地租优惠，以吸引外资。截至 2016 年底，波兰的所有经济特区共吸引了总外资存量的 16.8%，这不仅推动了就业增长，还促进了出口。这些经济特区大多位于内陆地区，其中包括 5 个沿边型和 7 个完全位于波兰内陆的特区。这一举措在为波兰经济注入新活力的同时，也在内陆地区创造了更多的就业机会。经济特区的成功经验表明，通过巧妙的政策制定和灵活的经济战略，波兰能够克服海运条件的不利因素，实现经济多元化和可持续增长。这使得波兰在全球经济舞台上展现出强大的竞争力，为国家的发展奠定了坚实的基础。

波兰的多个经济特区展现了显著的区位分布差异，这直接塑造了它们在全球经济中的独特功能和角色。以考斯申—斯乌比采经济特区（Kostrzyn – Slubice SEZ）为例，该区域主要聚焦于德国的投资，特别专注于汽车制造业及其零部件的生产，呈现明显的出口导向特征。与此不同，瓦乌布日赫经济特区—投资园（Walbrzych SEZ – Invest Park）作为波兰最大、发展最为成熟的经济特区，吸引了来自德国、捷克、中国等国的大量产业投资。该特区的发展方向主要聚焦于满足除波兰以外的欧盟市场需求。这种截然不同的区位分布策略使得波兰经济特区在全球经济舞台上呈现出多样性和竞争力，为国家的经济发展提供了有力的支持。

波兰经济特区正面临在 2026 年到期的政策优惠的挑战，这促使这些特区必须制定可持续发展的内生增长模式。这一政策的期限性强调了经济要素的自由流动，同时规范了税收和产业政策，为特区提供了有限的时间来应对这一紧迫的形势。在这个时限内，园区管理方面必须迅速行动，充分利用政策优惠，构建一个可持续的内生增长发展模式。在经济特权逐渐减弱的情况下，特区需要更加注重降低对补贴和特权的依赖，以减少可能引起的市场扭曲。此外，特区管理方应该积极推动其成功经验在其他地区的推广，使其成果成为一个可推广、可复制的范本。这种经验的分享有助于推动波兰整体经济的可持续发展，创造更加健康和均衡的经济生态系统。另外，对于发展势头良好的经济特区，还应考虑允许其扩容的可能性。扩容将为特区提供更多机会，激活更多未开发的经济潜能，为波兰经济的长期繁荣奠定基础。因此，特区管理方需要审慎决策，确保扩容是基于可持续发展的原则，以最大限度地释放经济潜能，促使波兰经济特区在全球经济中保持竞争力。

（2）罗兹经济特区发展特征

罗兹经济特区（Lodz SEZ）于 1997 年创立，坐落于波兰地理几何中心位置，占地 13.39 平方公里，包括 44 个从属的辅区。这一特区被英国金融时报（Finacial Times）下属外国直接投资杂志（Foreign Direct Investment magazine，fDi magazine）誉为全球自由贸易区中的佼佼者，跻身世界前 10 名，成为世界一流的经济园区。罗兹市作为中部罗兹省的省会和波兰第二大城市，不仅是内陆交通的要冲，还是具有战略地位的特区所在。罗兹市是波兰的经济枢纽，拥有 2 座国际机场，成为内陆交通的关键节点。特区内设有铁路货运枢纽中心，为全球自由贸易提供了便利条件。而特区更为国际贸易开辟了一条便捷之路，成为中欧班列的欧洲段终点，尤其是蓉欧班列的开通，直接连接中国成都至波兰罗兹，进一步加强了特区在国际贸易中的影响力。总体来说，罗兹经济特区在波兰内陆经济特区中独具代表性，不仅地理位置优越，而且在全球自由贸易区中的排名和 fDi 杂志的认可都证明了其卓越表现。罗兹市是中欧重要的交通和贸易中心，其便捷的交通网络和卓越的国际贸易地位，使得罗兹经济特区在国际舞台上崭露头角。

罗兹经济特区是波兰内陆经济特区的一环，其经济发展呈现独特特色，主要聚焦于满足波兰国内市场的需求，与沿海特区和沿边特区在产业布局上存在显著差异。该特区涵盖了本区域以及 44 个子区域，共创造了 4.6 万个就业岗位，吸引了高达 210 亿波兰兹罗提的投资。关注领域主要包括电子电器、医药、化妆品和服务业，并且特区对中小企业的扶持力度非常大。无论是本土企业还是外商投资企业，一旦企业达到一定年限，均可享受慷慨的退税政策。此外，个人企业家更可受益于高达 55% 的个人所得税减免。特区还提供全方位的服务，包括投资咨询、职业培训以及新技术领域（如 5G）的实验场所。这些服务在促进生产和消费两个方面都发挥了核心作用，为本国经济的可持续增长做出了重要的贡献。

在波兰罗兹经济特区的成功经验中，内陆自贸区可以汲取宝贵的经验。罗兹市充分发挥其地理位置的优势性，即便没有海运条件，仍依托其在波兰地理中心的航空、公路和铁路枢纽，成为内陆自贸区蓬勃发展的支柱。通过审慎的长期规划和积极招商，罗兹经济特区成功地扩大了规模，以适应不断增长的产业和投资需求，同时不断优化营商环境。这使得罗兹内陆自贸区吸引了来自美国、欧洲和亚洲国家的大量投资。罗兹经济特区的成功还得益于其优越的交通枢纽地位，将航空、公路和铁路巧妙结合，形成了“空铁路江”一体的便捷网络。这为内外投资提供了便利，使得罗兹不仅在本地市场上崭露头角，更在国际舞台上赢得了声望。此外，通过合理规划和充分利用储备用地，罗兹经济特区成功地实现了产业的多元化发展，为经济的可持续增长奠定了坚实基础。

中国庞大的国土面积存在多个内陆交通枢纽城市，如武汉、西安、成都、郑州等，这些城市在各自所在的省份乃至更大区域有着丝毫不亚于波兰罗兹市的交通枢纽地位，因此完全可以利用其公路、铁路、航空、沿江和人流的枢纽地位，构建“空铁路江”一体的内陆自由贸易区发展模式，以此吸引内外投资，并保留一定的储备用地待合适的时机参照波兰的“辅区”进行扩容。

6.3.2 巴西玛瑙斯自贸区

玛瑙斯市坐落于南美洲亚马孙州，是该地区的首府，人口超过两千万。在南部沿海地区与北部地区经济差距显著的时代背景下，巴西政府于1957年首次提出在玛瑙斯设立自贸区的设想。这一设想于1967年得到正式实施，成为亚马孙州一项重要的经济政策。根据第288号法令，玛瑙斯自贸区的范围覆盖面积超过1万平方公里。为了有效监管该区的经济活动，特设立了自贸区监督局，直属巴西发展、工业和对外贸易部。这使得玛瑙斯自贸区拥有特殊的法律地位，同时享有财政和人员管理的自治权。自贸区的设立不仅在关税特权、货物进出口方面提供了优惠政策，还鼓励外商投资。这一系列的经济激励措施旨在推动产业升级，促进对外贸易的繁荣。玛瑙斯市希望通过在北部地区建立自贸区成为经济发展的引擎，带动相对滞后的北部地区蓬勃发展。因此，这一法案的实施为玛瑙斯市和整个亚马孙州的经济发展奠定了坚实的法律基础并提供了政策支持。

位于内格罗河和亚马孙河交汇处的玛瑙斯自贸区，类似于中国的武汉、重庆等城市，周边资源（包括自然和人力资源）丰富，为自贸区的发展创造了有利条件。自贸区的发展经历了不同阶段，包括生态旅游业、工业服务业、农牧业和综合产业。这些阶段相互促进，呈现出共同发展的特征。自贸区土地资源得到合理规划，支持生态农业的发展，并为未来跨国公司提供了广阔的发展空间。总体而言，玛瑙斯自贸区通过充分利用本地资源、巴西政府的支持以及自身发展经验，不断拓展多元化产业，为区域经济注入新的活力。

玛瑙斯自贸区在过去40多年的不懈努力中，不仅在城市发展方面取得了显著成就，而且其发展效果辐射至西亚马孙地区，为巴西北部亚马孙流域的经济发展和对外开放作出了积极贡献。这一过程在一定程度上有助于缩小南北地区经济发展差距，为整个国家创造更加均衡的经济格局。随着自贸区经济的繁荣，其财政收入盈余在中期已经得到显著体现。这些盈余资金不仅成功地用于支持亚马孙省及其周边地区的建设项目，而且在国家层面上发挥了重要作用，有助于缩小区域经济分化的趋势。通过回馈支持亚马孙省和相邻地区的发展，玛瑙斯自贸区为实现整体经济的中期发展目标作出了积极的贡献。综合而言，玛瑙斯自贸区的成功经验不仅在地方上取得了显著成果，也在更大范围内推动了经济的均衡发展，为国家的可持续繁荣注入了新的活力。

玛瑙斯自贸区位于亚马孙热带雨林的生态保护区，必须在绿色可持续经济方面发挥引领作用，以实现协调发展的目标。根据 Aloise 和 Macke（2017）的研究，亚马孙保护区对于促进玛瑙斯自贸区的生态创新至关重要，但其成功还需要相应的法规进行引导。在这一背景下，自贸区需要制定有力的政策，引导跨国企业在生态创新方面发挥积极作用，尤其要关注这些创新在母国公司中的发生情况。然而，其研究也揭示了一些不利因素，如决策过程的冗长、管理层面的不足、科研导向和市场导向之间的关系需要更好地协调等。这些挑战需要通过更加精细的管理来解决，以确保生态创新能够顺利进行。此外，引入更加明确的生态创新导向的决策过程和市场机制也是必要的。玛瑙斯自贸区的案例研究为其他自贸区在追求绿色发展方面提供了有益的经验和参考。通过总结成功的经验和应对挑战的策略，其他地区可以更加有效地推动绿色可持续经济的发展，实现生态环境保护和经济增长的双赢局面。

6.3.3 印度诺伊达自贸区

印度在设立经济特区方面的历史比中国更为悠久。Maruschke（2017）提到了诸多经济特区，包括坎德拉自贸区等，这些区域大多位于靠海的开发区。与此不同的是，弗尔达、钦奈、柯钦以及维沙卡帕特南等地的自贸区都是印度经济特区中的代表，各自在区域内发挥关键作用。

需要特别关注的是诺伊达自贸区，它是印度唯一一个没有出海口的自贸区，成立于1976年，坐落于印度首都新德里附近。与巴西的玛瑙斯自贸区有所不同，诺伊达自贸区的设立旨在实现国家层面上的区域发展平衡，承接首都的产业转移，有序疏解非必要产业和要素，以更合理地分配资源和劳动力。其邻近首都的得天独厚的地理位置、优越的交通枢纽地位，使其成功发展为内陆自贸区，具备出口加工、低税或免税、优势产业集聚等多重功能。

诺伊达自贸区拥有印度特色的电子信息、软件开发和电影制作等多元产业。通过设定低门槛的准入条件和优惠税收政策，吸引了大型外资企业入驻，如三星等。其管理运作模式呈现出明显的企业化管理特征，园区投资者得以参与管理决策。在政策法规方面，进驻企业享有免税待遇，并且没有最小规模的限制。此外，园区注重解决当地居民的就业和居住问题，积极应对就业和土地资源有效利用方面的挑战。

综合来看，诺伊达自贸区在经济特区发展中表现出独特的管理模式和政策特点，为印度的区域经济平衡和产业升级作出了较大贡献。

6.4 发达国家典型内陆自贸区及其建设

6.4.1 爱尔兰香农自贸区

位于爱尔兰西南地区的香农自贸区初建时占地600英亩（1英亩约为0.004平方公里），成为爱尔兰香农机场的发展支点。该机场创建于1942年，位于没有海港的地方，却在西南位置为欧洲和美国之间的航线提供了便捷的中转服务。这一重要交通枢纽奠定了爱尔兰香农自贸区作为自由贸易区的基础。1947年，香农地区又迈出了重要的一步，设立了全球首家免税商店，即“Duty Free Shop”。这一举措不仅为烟酒等商品实行了免税政策，也极大地推动了香农机场的货运贸易。随着时间的推移，该地区成为爱尔兰经济发展的引擎。1959 年，爱尔兰香农自贸区正式成立，香农发展局成为运营和管理的主体。经过几十年的发展，该地区从最初的航空中转地逐渐演变为一个综合性的自贸区。在 2020 年后，香农商业公司成为运营的新力量，实行了半国有化的管理模式。香农自贸区不仅注重航空业务，还通过招商引资、产业规划和就业指引等方式，积极发展多产业集群，成为世界上第一个自贸区的典范。其成功经验不仅体现在经济层面，也为其他地区提供了可借鉴的运营和管理模式。

爱尔兰香农自贸区的演变经历了多个时代，始于航空中转和免税销售服务阶段（20 世纪 40 年代）。在这一初期阶段，香农国际机场成为欧美航线的关键节点，通过提供航空中转服务和免税销售服务，为区域经济注入了活力。随着时间的推移，自贸区逐步过渡到制造出口加工阶段（20 世纪 50—60 年代），为区域经济带来了新的发展动力。这一阶段标志着香农自贸区不仅是航空中转和销售的中心，还成为制造业出口的关键枢纽。20 世纪 60—80 年代，香农自贸区进入科技工业时代，逐渐崛起为高新科技产业集群。为了支持这一转型，该地引入了高等教育机构，包括利默里克大学和利默里克工学院，为区域发展奠定了丰富的人才和知识基础。随着时代的发展，香农自贸区迎来了 IT 技术产业时代（20 世纪 90 年代至 21 世纪初）。通过降低企业所得税税率，吸引更多的高科技企业和国际金融机构入驻，促进该地区经济蓬勃发展。如今，香农自贸区的成功故事继续写就。其面积已扩展至 1 万余平方公里，涵盖多个产业领域，吸引了超过 130 家企业入驻。这些企业为爱尔兰创造了超过 7000 个就业岗位，年均销售额已超过 35 亿美元，年产值更是高达 7 亿美元。香农自贸区成为爱尔兰经济的支柱之一，展现了持续吸引投资和实现多产业涵盖的卓越成就。

6.4.2 美国孟菲斯自贸区

(1) 美国自贸区总体概况

美国的自贸区起源于20世纪30年代，正值大萧条时期。在布鲁克林区成立的美国首个自贸区，为应对当时的经济困境提供了一种新的经济政策选择。然而，真正引领美国自贸区发展的契机在20世纪70年代后，自贸区的数量和规模经历了显著的增长。目前，美国在全球范围内拥有最多的自贸区，这一地位在2014年9月时达到巅峰，全国范围内总计有270个自贸区，其中195个被认定为"活跃自贸区"。

这些自贸区分布在美国各地，包括东海岸、西海岸、墨西哥湾和五大湖地区。不同于其他国家自贸区的布局方式，美国的自贸区中有67.8%位于内陆地区，几乎每一个内陆州都设有自贸区。与中国内陆自贸区在省内核心地区集中的情况形成鲜明对比，在美国，内陆自贸区通常分布在州界线、便于运输的河流（如密西西比河和密苏里河），以及靠近大型货运航空枢纽城市（如孟菲斯市）。值得关注的是，在美国的自贸区中，州界自贸区占比36.7%。这表明，美国在自贸区布局上采取了多样化的策略，与中国的集中布局有所不同。这一特点使得美国的自贸区网络更为灵活，能够更好地适应不同地理、经济和运输条件。

美国设立自贸区的最初目的是，通过对进口商品或原材料降税、免税或降低其他进口壁垒来促进园区内产业发展和就业。如果进口商品或原材料在其自贸区内存放，再出口则无须缴纳关税；在园区内进一步加工后进行销售，也可视情况减免其中进口部分的关税。但是，若货物从自贸区进入园区外的美国本土，则视为海外进口商品（或商品组件的海外进口部分），需缴纳关税。美国各个地区的自贸区规模、数量、优势产业各不相同，分布位置主要集中在沿海港口、内陆枢纽以及内陆航空枢纽位置地带，后两者大多在内陆地区；自贸区内的主导产业主要包括石化、汽车、电子、生物医药、机械、服装以及信息产业等。

（2）美国自贸区的管理及运营模式

美国自贸区的运营和管理机构涉及多个关键组织，包括美国国家对外贸易委员会（NFTC）、美国海关总署（USCS）以及美国国家对外贸易区委员会（NAFTZ）。这些机构在自贸区的宏观层面扮演着关键的角色，负责决策和管理。具体而言，美国国家对外贸易委员会在制定政策和规定方面发挥着领导作用；而美国海关总署负责监督和执行与贸易相关的法规；美国国家对外贸易区委员会则负责协调自贸区的整体运作，确保各个组成部分协同合作。在自贸区内部，管理体系主要由园区承办者和企业经营者构成。园区承办者是自贸区的主要运营者，负责协调各项活动、提供基础设施，并与企业经营者密切合作，确保自贸区的高效运作。与此同时，企业经营者在自贸区内担当重要的角色，通过合作和创新推动经济增长。

自贸区内采用的独特的“主区”与“分区”运营模式为美国提供了良好的管理传导机制和资源配置空间。主区（通用区）是一个多功能自贸区，提供各种服务和资源，分区（辅区）则专门满足特定企业的用地需求，实现精细化的资源配置。这种灵活的运营模式使得自贸区内各个组成部分能够根据自身需求进行有效管理，提高了整体的经济效益。刘晔和陆夏（2014）对美国自贸区的研究强调了其在产业分布和管理方式方面的独特性。这为中国自贸区的规划、监管、税收制定、产业引进和培育以及海关改革等方面提供了有益的启示。通过借鉴美国的经验，中国可以优化自身自贸区的管理体系，实现更高效的资源配置和更加灵活的运作模式。美国自贸区的成功经验为全球范围内的自贸区建设提供了宝贵的借鉴和参考。

（3）美国典型内陆自贸区——孟菲斯自贸区

位于美国东南部内陆地区的孟菲斯市横跨田纳西州和阿肯色州，毗邻密西西比州，其独特的地理位置使其成为东西、南北地区的水、陆、空运枢纽。这座城市坐落在美国最大的河流之一——密西西比河附近，而且紧邻密西西比州。在孟菲斯市内，孟菲斯国际机场是世界上货运规模最大的机场之一，联邦快递（FedEx）总部即设于此，机场内进行大量的快递存储、转运和出口业务。快递作为该地区的一项主要产业，为孟菲斯市的经济发展注入了强大的动力。孟菲斯国际机场的存在使孟菲斯成为一个重要的空运枢纽，连接着全球各地。

孟菲斯自贸区与其航空货运枢纽地位相辅相成，吸引了一系列与航空业相关的上下游产业入驻。这一地区的自贸政策为企业提供了更加便利的贸易环境，从而吸引了大量国际企业在此建立业务。与此同时，孟菲斯市也在信息化服务产业方面取得了显著进展，推动了“互联网+物联网”的发展。相关的信息化服务产业在孟菲斯市蓬勃发展，为城市的现代化建设注入了新的活力。在 2015 年，孟菲斯自贸区在美国所有自贸区中出口总额排名前 20，其区内贸易总额达 500 亿美元，出口总额为 250 亿美元，为美国内陆地区经济发展作出了卓越贡献。孟菲斯市通过不断加强与国际贸易的联系，巩固其在全球经济中的重要地位，是美国经济发展的中坚力量。

6.5 中国内陆自贸区的建设事实特征

6.5.1 中国内陆自贸区区位与运营特征

在中国自贸区的推进过程中，2017—2020 年，第三、第五、第六批次的自贸区主要设立在内陆地区，涵盖了 10 个省份和 2 个直辖市，覆盖了中西部经济实力相对较强的省级单位。这反映了国家在区域发展战略上采取了一项关键策略，即通过自贸区来平衡中西部地区的发展。

此外，不同自贸区的经济发展阶段、对外开放程度和产业集聚度存在显著差异。因此，尽管在法理和执行权限上各试验区处于平等地位，但它们仍然需要根据所在地区的经济状况制定适合自身发展的模式。以第三批内陆自贸区为例，尽管在发展战略和定位上存在一些相似之处，如铁路和航空的枢纽港，但在核心产业构建方面存在明显的差异。特别是东部沿海的港口自贸区并不适合直接复制到内陆自贸区。因此，各自贸区都应根据其地区特色和发展需求制定差异化的发展模式。

6.5.2 中国典型内陆自贸区功能定位

（1）河南自贸区

河南自贸区以郑州为核心，涵盖洛阳、开封，总面积超过 140 平方公里。国家将其定位为贯通南北、连接东西的现代立体交通体系和物流体系的建设重点，以服务“一带一路”建设为目标，侧重于交通和物流的发展。河南位于中部地区，具备发展现代交通和物流的得天独厚条件。在铁路方面，郑州形成了以京广铁路和陇海铁路（新亚欧大陆桥）为主轴的“米”字形高铁网。航空方面，郑州新郑国际机场已经构建了通达全球主要货运中心的货运航线网络。基于强大的交通运输网络，河南的物流业迅速发展，2021 年，全省社会物流总额为 179480.9 亿元，同比增长 7.7%。河南充分利用交通枢纽和客货物集散地的地理优势，依托新亚欧大陆桥，实现了郑州国际铁路货运班列（郑新欧）多线路、多目的地的高频次、常态化运营。同时，在郑州航空港经济综合实验区的支持下，河南发展了临港服务、航空物流、保税物流等产业，构建了陆空衔接的现代综合运输体系，提升了货物中转和疏散能力，逐步演变为国际航空物流中心。

（2）湖北自贸区

湖北自贸区的建设范围涵盖了武汉、襄阳、宜昌等地，总面积达 120 平方公里。这一举措旨在推动中部地区的产业转移，特别是构建战略性新兴产业和高技术产业的基地，以在中部崛起战略和长江经济带建设中展现示范作用。自贸区的核心任务聚焦于产业，而湖北恰好具备便利的水路交通、健全的产业基础和丰富的人力资本等条件，使其成为有序承接产业转移的理想地区。湖北自贸区的产业基础得到加强，其中光电子信息技术产业、高端装备制造业、新材料产业等已经成为其产业核心。这表明湖北正在逐步形成一套以这些战略性新兴产业和高技术产业为主导的产业体系，为中部地区的产业升级奠定了坚实基础。湖北自贸区并非孤立存在，而是与东湖高新区形成了紧密的关系，通过先行先试的改革，湖北不断探索制度创新模式，为产业转移提供可复制的成功经验。湖北自贸区的发展还积极响应了国内外产业转移的需求，借鉴了上海自贸区的负面清单模式，从而在推动产业升级的同时，规范了发展方向。通过这种模式，湖北得以更加有序地吸引和引导国内外的产业转移，形成了一种新的产业转移方式。同时，湖北充分依托东湖国家自主创新示范区，推动制度创新，转变创新模式，为新兴产业和高新技术产业的发展提供了更广阔的空间。

（3）重庆自贸区

重庆作为我国中西部唯一的直辖市，自贸区总面积达 120 平方公里，其中 80 平方公里位于重庆两江新区。国家对重庆自贸区的战略定位凸显在其能够发挥重庆战略支点和连接点的关键作用，推动西部大开发战略深入实施。凭借得天独厚的区位优势，重庆成为“丝绸之路经济带”的战略支点、“长江经济带”的西部中心枢纽，同时扮演着“一带一路”的关键连接点角色。身为“西部门户城市”，重庆拥有完善的基础设施和发达的经济，具备强大的辐射力和影响力，为西南地区提供了不可或缺的中心城市支持。西部大开发战略为重庆带来了历史性机遇，通过充分发挥辐射力和影响力，利用长江黄金水道和渝新欧国际铁路联运大通道，重庆积极构建国际物流中心。同时，在中新（重庆）战略性互联互通示范项目的引领下，金融服务、航空、交通物流和信息通信技术等领域的合作得到推动。以重庆保税区为核心基地，重庆通过发展进出口加工贸易，构建国际贸易体系，为实现重庆的可持续发展探明了全面而深远的战略路径。

(4) 四川自贸区

四川自贸区以成都的天府新区为核心，积极响应中央对强化西部地区门户城市开放力度和构建内陆开放战略支撑带的决策要求。其目标在于建设内陆开放型经济高地，实现内陆与沿海沿边沿江的协同开放。成都扮演着“西部地区门户城市”和全面创新改革试验区核心城市的角色，在西南地区经济、文化、交通、科技等方面具有显著的影响力。四川依托丰富的人力资源、良好的产业基础和得天独厚的交通区位优势，通过内陆开放战略支撑带和内陆开放型经济高地的构建，形成我国不同地区开放格局的新亮点。推动以天府新区和成都高新区为核心的创新平台建设，不断开拓国际园区和产能合作的新领域，强化与中英、中法、中德等国际园区的务实合作。充分利用成都综合交通枢纽和成本优势，打造内陆地区高效的中转体系，促进转口贸易的繁荣。同时，加强以成都为中心的各区域之间的联动发展与协同合作，为四川自贸区经济的繁荣和开放发展提供有力支持。

6.6 国外内陆自贸区建设的借鉴

6.6.1 基于区位和要素特征的借鉴

鉴于中国各内陆自贸区在地理区位、经济发展阶段和经济开放度等方面存在显著的异质性，因此在内陆自贸区的建设模式和产业选择上，国内各省份应该根据具体情况有所区别，不能盲目地模仿国外自贸区的经验，而是要全面考虑自身与学习对象之间的多方面差异。

即便属于内陆自贸区，仍可根据地理位置的不同划分为沿边自贸区和完全位于国内腹地中心的内陆自贸区。以波兰为例，其沿边自贸区，如考斯申—斯乌比采经济特区，吸引了德国大量投资，呈现了德系车企纷纷投资兴建工厂的景象，同时催生了波兰本土的汽车零部件配套产业链。与之相反，罗兹经济特区更适宜吸引国内外中小企业投资，为发展中国家内陆地区提供了可贵的典范，为中国内陆城市自贸区提供了可以借鉴的经验。中国的沿边自贸区，如云南德宏、黑龙江黑河和绥芬河，可以参考波兰沿边自贸区的成功经验。云南自贸区有望与东盟、湄公河区域展开产业和投资的合作，黑龙江自贸区则可以加强与俄罗斯、蒙古国的贸易和投资往来，并制定相应的产业政策。通过对比和借鉴，各内陆自贸区应更加科学地制定适合本地情况的发展策略。中国内陆中心城市的自贸区可以从这些经验中汲取灵感，不断优化政策，促进内陆地区的经济繁荣。

①在内陆自贸区的演进中，跨国铁路运输被赋予了重要的使命，成为开放型经济蓬勃发展的关键动力。中欧班列作为内陆贸易的成功楷模，在自贸区政策的引导下，显著推动了贸易额的迅猛增长，为内陆地区开展开放型经济提供了可靠的实证支持。其成功经验表明，跨国铁路运输在促进贸易、激发区域经济活力方面扮演着至关重要的角色。自贸区政策的有效实施为中欧班列的运作提供了有力保障，同时为吸引更多欧洲资本进入中国内陆自贸区创造了新的机遇。通过引入外部资本，内陆地区有望迅速推动经济的多元化发展，提升产业水平。特别是对于内陆地区中小企业而言，这一发展势头将改善其经营环境，有助于其更好地适应国际市场竞争。

借鉴中欧班列和罗兹经济特区的成功经验，内陆自贸区有望通过吸引更多投资、创造更多就业机会，进一步推动地区产业的升级。外部资本的引入不仅为内陆地区带来了资金，还引入了先进的管理经验和高新技术，从而提升了内陆地区的整体竞争力。这种开放型经济发展模式也符合全球经济互动的趋势，使内陆自贸区在全球产业链中扮演更为重要的角色。

因此，跨国铁路运输不仅是内陆自贸区发展的关键，也是推动内陆地区开放型经济可持续发展的关键契机。通过扩大运输渠道、吸引更多欧洲资本，中国内陆自贸区将在全球经济互动中发挥更为显著的作用，为内陆地区的可持续发展注入更为强大的动力。

② 在提升内陆自贸区经济外向度方面，航空运输扮演着关键的角

色。美国的孟菲斯自贸区和爱尔兰香农自贸区都以航空运输为基石，特别是孟菲斯自贸区，作为美国经济城市圈和南部经济圈的交会点，其在满足美国国内需求方面的重要性不可忽视。相似地，中国的郑州和武汉（协鄂州）作为内陆国家中心城市，也在积极发展航空运输港，具备发展成为航空自贸区的潜力。郑州自贸区的成功经验体现在外贸进出口总额超过500亿美元等方面，为该地区经济的发展作出了显著贡献，实现了从代工到科技制造的发展路径。为了进一步提升内陆自贸区的科技含量和自主研发能力，郑州可以借鉴爱尔兰香农自贸区的升级模式，即在发展的第三阶段设立或引进高等院校。这样的举措将为内陆自贸区内的产业提供更为便捷的知识和人才储备，促使高校和自贸区形成良好的互动关系，从而成为推动其内生增长的动力。同时，这也为弥补河南省在人才培养方面的不足提供了契机。通过引入高等院校，内陆自贸区不仅能够开展更多高水平的研究和开发活动，还能够培养更多具备创新能力的人才，从而推动整个区域向科技制造转型。

在提升内陆自贸区经济外向度方面，航空运输是至关重要的推动力。孟菲斯自贸区和爱尔兰香农自贸区作为发达国家自贸区的代表，在航空运输方面发挥着关键作用，通过航空网络满足国内需求，为该国经济蓬勃发展创造了有利条件。武汉东部和鄂州地区正迎来新的发展契机，其中的亮点主要体现在鄂州花湖机场的兴建和湖北自贸区的不断拓展等方面。通过借鉴美国孟菲斯自贸区的成功实践，我们能够看到武汉东部和鄂州地区地理位置的独特之处，长江黄金水道与京广铁路大动脉的十字交汇点，成为国内物流运输的枢纽地带。武汉、郑州等城市在这一格局中扮演着关键的角色，其地理位置的优越性将成为经济发展的有力助推器。借鉴孟菲斯自贸区的经验，武汉东部和鄂州地区有望通过畅通的交通网络和自贸区政策逐步打破各类贸易进出口壁垒，推动内生经济增长和开放型经济的全面发展。湖北自贸区的不断扩大将为这一进程提供更广阔的发展空间。考虑到临近长江等水运途径，这一地区可以学习孟菲斯的运筹经验，增加交通多样性，进一步促进经济的繁荣。

总体而言，武汉东部和鄂州地区展现出充满活力的发展前景，有望在内陆地区崛起，成为具有国际竞争力的重要经济枢纽。通过学习借鉴美国孟菲斯自贸区的成功实践，该地区将能够更好地应对全球化挑战，实现经济发展的跨越式增长。

③在核心城市卫星城自贸区的发展中，如河北自贸区的雄安片区和北京大兴机场片区，可以借鉴诺伊达自贸区承接新德里产业转移的成功经验。雄安片区规划成为北京产业和人口的理想承接地，大兴机场片区则成为北京客运、货运及保税仓库的战略性物流集散地。通过这一战略布局，能够推动河北省经济快速发展，同时有助于有效疏解北京非首都功能和产业。雄安片区规划吸纳并承接北京一部分产业链，实现产业协同发展；而大兴机场片区作为物流集散地，为北京提供高效货物运输和仓储服务，支持整体经济发展。这种模式能促进河北省和北京市经济协同发展，提升卫星城自贸区在整体区域经济格局中的战略地位。通过合理规划和利用各自优势，雄安片区和大兴机场片区在实现经济增长的同时，共同促进更广范围的区域繁荣，为中国内陆自贸区的可持续发展奠定坚实基础。这种区域内的战略性物流集散地和产业协同发展将在卫星城自贸区的框架下，为整体区域经济格局注入新的活力，为卫星城和核心城市之间的经济互补提供有力支持。

6.6.2 赋予中国内陆自贸区更深层次的含义

尽管国外内陆自贸区或内陆经济特区在设立时间和发展时间上具有先行优势，但中国的自贸区在意义、改革强度和政府重视程度上超越了许多国外自贸区。国外内陆自贸区主要致力于带动就业，而中国的内陆自贸区是一个集微创新和大胆创新于一体的综合创新改革试验区。中国的内陆自贸区不仅关注短期目标，如刺激经济、实施产业和金融创新，还在于制定长期发展目标，通过区内可复制、可推广的改革经验带动整个区域的发展。这种以自贸区为核心的建设策略，使其在国际自贸区中独具特色，为中国经济的可持续发展提供了新动力。

从长远来看，中国的沿海自贸区和内陆自贸区在发展到一定阶段后将不再依赖模仿和借鉴，而是类似于深圳和上海浦东新区在一定时期后进行自我探索式的发展，中国自贸区需要建立基于中国自身需求和特色的内生性创新与发展动力。这种探索性的发展将促使中国自贸区在国际舞台上表现得更为突出，成为经济开放和产业升级的引领者。

陕西自贸区地理位置极为优越，特别是其核心城市西安，在中国交通枢纽中占据重要地位。西安是国内铁路、公路和航空交通的重要节点，交通网络完善，连接全国主要城市。作为中国“一带一路”倡议的关键节点，西安在连接中国、中亚和欧洲方面发挥着关键作用，为陕西自贸区带来巨大的战略价值。在这一战略位置的支持下，陕西自贸区通过加强各地的连通，积极推动物流发展战略。这种物流发展不仅在区域内促进了商品和信息的流通，也在更大范围内加强了区域与国际市场的联系。这使得陕西自贸区能够形成独特的核心竞争力，凭借高效的物流网络提高自身在全球供应链中的地位。

因此，在制定物流发展战略方面，陕西自贸区需要充分发挥其战略位置的优势，紧密结合“一带一路”倡议，通过物流合作和协调，进一步提升竞争力和影响力。在众多竞争对手中，根据自身独特的地理位置和战略价值，制定有针对性的物流发展战略将成为陕西自贸区提升竞争实力的重要手段。

7 陕西自贸区物流发展战略

7.1 创新驱动战略

商贸物流中心的建设是一个重要的发展战略，而加快创新驱动商贸流通产业转型升级进程是关键。以下是一些具体的措施，可以推动商贸流通行业的创新发展：①加快落实“互联网+流通”行动计划，打造智慧商圈。在商贸物流中心内推动智慧商圈的建设，加强数据共享和信息化建设，以满足消费者多元化需求，提升商业竞争力。②推动传统零售业拓展网上销售渠道。鼓励传统零售企业拓展网上销售渠道，将线上线下融合，提高企业竞争力和市场占有率。③鼓励电子商务在餐饮、休闲娱乐、城乡社区配送、家政服务等领域的整体应用。电子商务在上述领域的应用可以提高商贸流通效率，满足消费者需求，促进产业转型升级。④大力发展自主经营、连锁经营、供应链管理等商业模式。这些商业模式可以提高企业管理效率，降低成本，提高产业集中度。⑤加快促进物流提档升级。运用全程供应链物流发展观，促进物流与商流、制造流、资金流、信息流联动发展，大力发展第三方物流和专业物流，加大物联网技术在商贸物流中的推广应用，提高物流组织化程度。通过以上措施的实施，可以推动商贸流通产业的转型升级，提升其市场竞争力和经济效益，同时能够满足消费者的需求，促进消费升级和经济发展。

7.2 开放合作战略

为了把握经济全球化和区域经济一体化的发展趋势，可以从以下几个方面入手：

（1）最大限度利用地理位置、资源和产业特色优势

在充分发挥地理位置、资源和产业特色的优势方面，陕西自贸区应该深入挖掘地区的战略位置，以便更好地连接全球价值链。通过加强与周边地区和国家的合作，形成互补性资源优势，打造一个具有创新和竞争力的经济体系。此外，陕西自贸区还可以通过推动科技创新和产业升级，使地区的产业更具吸引力和竞争优势。

（2）打造开放、互联、互利、协作的商贸物流生态系统

建设开放、互联、互利、协作的商贸物流系统，需要建立高效的信息交流平台和物流网络，以确保商品和服务能够顺畅地流动。此外，陕西自贸区还可以通过制定更加灵活的政策和法规，鼓励国际合作和贸易，为不同产业提供更多的发展机遇；通过促进文化多样性，营造一个更具包容性和创新性的商贸氛围。

（3）加强优势企业之间的战略合作与创新

鼓励优势企业之间的战略合作，需要建立更为密切的产业联盟和合作平台。通过共享研发成果、技术创新和市场信息，企业可以共同应对全球市场的变化，实现更高效的资源配置和协同创新。此外，还可以通过建立“产学研用”合作机制，促进产业链上下游的深度合作，形成更紧密的产业生态系统。

（4）引进跨国公司设立各类管理中心

积极吸引跨国公司设立各类管理中心，需要提供更具竞争力的政策和环境，包括提供便利的注册程序、税收政策和人才引进政策等。通过营造高效的商业环境，陕西自贸区可以吸引更多的跨国公司在该地区设立各类管理中心，从而提升地区的国际化水平，推动本地产业向全球市场迈进。

（5）构建国际化生产采购基地

建设国际化生产采购基地需要注重制度和政策的创新。通过建立更加灵活的生产采购制度，可以更好地满足企业的多样化需求。此外，还可以通过与国际标准接轨，提高产品和服务的国际竞争力。通过促进本地企业与国际企业的合作，可以培育出口导向型企业和服务外包产业，推动整个地区的产业升级。

（6）挖掘大型商贸物流企业的全球竞争力

鼓励大型商贸物流企业发挥资本运作和技术创新的综合优势，需要建立更加开放的市场环境。通过降低市场准入门槛，促进市场竞争，可以激发企业的创新潜力。此外，还可以通过制定更为透明和可预测的商业法规，为企业提供更好的经营环境。通过积极参与国际竞争，企业可以更好地利用全球资源，提高其在全球市场的竞争力。

（7）采取多样化的跨经营模式

采取多样化的跨经营模式需要建立更加灵活的企业管理机制。通过引入先进的管理理念和技术手段，可以使企业更好地适应不同行业、地区和所有制形式的管理需求。同时，还需要建立有效的风险管理机制，确保企业在跨经营过程中能够灵活应对各种挑战。通过推动企业参股、控股、兼并、收购等多元化战略的实施，可以实现更广泛、更深入的国际化经营，为企业的长期可持续发展奠定坚实基础。

7.3 主体培育战略

（1）转型升级

商贸物流中心的建设需要对商贸物流实体进行深度转型升级，以适应快速变化的市场需求和应对新的行业趋势。这意味着商贸物流中心要在技术、管理和服务等方面进行全面提升，确保企业具备更强大的竞争力。尤其要注重培养和发展本土化的大型商贸流通骨干企业，使其能够更好地服务本地市场，为商贸物流中心的建设奠定坚实基础。

（2）资金筹措与多元化投资

商贸物流中心的构建离不开充足的资金支持。因此，企业应通过多种途径，包括上市、债券发行以及股权置换等方式，筹措所需的资金。这不仅有助于推动企业的快速发展，还可以使企业朝着多元化投资的方向迈进，进一步拓宽业务领域，提高盈利能力。

（3）跨区域并购重组

为了实现商贸物流中心的全面发展，必须采取积极的跨区域并购重组策略，包括通过巧妙的产业布局，对企业在不同地区的资源进行合理整合，以达到规模效应和资源优化配置的目的。通过这种方式，企业可以更好地拓展市场空间，增强在不同区域的竞争实力。陕西自贸区应全面支持大型商贸企业做强做大。

（4）电子商务和信息服务发展

商贸物流中心的建设不仅要注重传统业务，还需要紧跟时代潮流，使其在电子商务和信息服务领域迅速发展。中大型商贸物流企业应当加大对这些新兴领域的投资，提高自身在数字化、智能化方面的水平。这不仅有助于满足现代消费者的需求，还能够增强企业在市场上的可持续竞争力。

（5）支持私营商贸物流企业

商贸物流中心的建设需要各方广泛的参与，因此私营商贸物流企业也应成为重要的发展主体。政府和行业应大力支持这些企业的发展，通过提供政策支持、降低市场准入门槛等方式，引导私人资本迅速涌入商贸物流领域。特别是在特种商品和特种服务领域，应该为私营企业提供更多的发展机会，推动市场的繁荣并激发其活力。

（6）支持微型商贸物流企业

商贸物流中心的建设不应忽视微型商贸物流企业的作用。这些小型企业在市场中扮演着灵活、创新的角色，因此政府和行业应当加大对它们的支持力度。通过提供更多的发展机会和资源，如培训、资金支持等，可以激发微型商贸物流企业的创业激情，推动它们在商贸物流中心的建设中发挥积极作用。

7.4 环境优化战略

在构建商贸物流中心的过程中，法治化商业环境是成功的关键。党的十八届五中全会提出的创新、协调、绿色、开放、共享的新发展理念成为指导思想，尤其将转变政府职能置于核心位置，以构建法治化营商环境为主线。实现这一目标的重要举措包括提升监管效率和服务水平、规范流通秩序、强化诚信建设，共同营造法治化的营商环境。

为加速流通行业的法治化进程，必须深入推动相关法律、法规和标准体系的制定，积极推动《商品流通法》的颁布，并建立全面涵盖流通设施建设、秩序维护以及综合整治的相关法律制度。此外，建议建立行政管理信息共享机制、市场化综合信用评价机制和第三方专业信用评价机制，以有力打击假冒侵权行为，并实现对跨地区和经营领域的实时动态监管。

在推进改革的过程中，还应积极探索并推进商务综合行政执法体制改革试点，以更加高效和灵活的方式应对各类商业挑战，最终建立一个法治化的商业环境，为商贸物流中心的建设奠定坚实的法律基础并提供制度支持。

7.5 流通现代化战略

提升流通领域信息化水平。利用大数据技术强化对市场运营的监测、分析、预测和预警，推动第三方电商平台开放数据资源，引导企业利用大数据技术推进市场拓展、精准营销和优化服务。加强流通领域标准化建设。在部分地区开展标准化试点的基础上，扩大试点范围，推广试点经验，并将试点从托盘扩展至包装、编码等更多领域，推动物流上下游供应链标准化。促进流通领域集约化发展。支持流通企业做大做强，推动商业企业转型升级，支持第三方物流企业发展。

7.6 产业联动战略

大力发展陕西自贸区内旅游会展业、批发零售业、餐饮住宿业、金融服务业等联动产业是该区域经济发展的一项重要战略。其中，物流业作为陕西自贸区发展的支柱产业之一，与其他行业的协同发展对促进该区经济的迅速繁荣具有至关重要的意义。在积极推进物流行业发展的过程中，陕西自贸区将充分发挥物流业对其他产业的带动作用，以实现产业链的协同发展。为了推动陕西自贸区物流业的进一步壮大，该区计划加强物流行业信息化建设，以提高物流效率和服务质量，促进整个物流行业的发展。同时，陕西自贸区还将积极促进农业物流和工业物流的协同发展，通过优化和协调物流体系，实现农业和工业产品的高效流通。除此之外，陕西自贸区还将强化与其他地区的物流合作，致力于打造一批国际物流枢纽，密切与共建“一带一路”国家的合作。通过物流业的全面发展及其产业的紧密联动，陕西自贸区有望实现产业链的协同发展，为推动陕西经济的快速增长，以及实现全面建设社会主义现代化新陕西发挥关键作用。

7.7 区域协同战略

陕西自贸区区域协同发展战略旨在推动陕西省各地区之间资源共享和优势互补，实现全省范围内的区域经济协同发展，为全面建设社会主义现代化新陕西提供有力支持。该战略将专注于推动陕西省区域协同发展，重点关注优势产业，挖掘各地区的特色产业，发挥区域经济的优势，加强产业链、供应链、价值链的协同发展，以推动经济发展方式的转型升级。

在推动区域协同发展的过程中，陕西省将强化交通基础设施建设，促进城乡一体化发展，实现城市群和城市带的协同发展。加速形成西北地区重要的交通枢纽和物流中心，构建交通强省，加速建设全省范围内的交通网络。

此外，该战略将加强科技创新和人才引进，促使各地区共同发展，提升全省的科技创新能力和人才竞争力。迅速推进数字经济和智慧城市建设，促进智能制造、“互联网+”等新兴产业的发展，推动陕西省经济朝着高质量发展的方向迈进。

通过区域协同发展战略的全面实施，陕西省将实现各地区经济的协同发展、优势互补，形成良性互动，为推动陕西省经济高质量发展做出重要贡献，为实现全面建设社会主义现代化新陕西奠定坚实基础。

7.8 统筹发展战略

在建设陕西自贸区商贸物流中心的过程中，必须坚持统筹城乡战略，以构建全面的城乡一体化配送体系为目标。该体系以主城区为中心，通过区域性配送基地、县级配送中心和乡镇配送点的有机支撑，实现全方位、高效的商品流通。为此，需依托交通枢纽和流通节点，加速农村地区流通基础设施的建设，特别关注改造一批公益性农产品批发市场，同时加强冷链流通设施的建设，从根本上打通商贸物流中心城乡流通的“经脉”。

这一战略的核心在于实现城乡间物流配送的协同发展，通过完善城市与农村之间的配送网络，使商品更加高效、迅速地流通。主城区作为中心节点，将充当连接区域性配送基地、县级配送中心和乡镇配送点的纽带，促进商品快捷、有序地流向农村地区。通过对农产品批发市场和冷链流通设施的重点建设，可提高商品保鲜能力、降低损耗，在为农村地区提供优质商品的同时，助力当地农产品走向城市。这一全面统筹城乡的战略不仅有助于商贸物流中心的建设，更为城乡经济的互动提供了有效的支持，推动了整个区域的可持续发展。

7.9 集聚发展战略

陕西自贸区建设集聚型物流体系，以促进物流业的高效运作、提高经济效益：

（1）区位优势的集聚

陕西自贸区可依托其地理位置，通过建设物流集聚中心，对区域内的物流资源进行有机整合，形成物流要素的区位优势。物流集聚中心可以吸引更多的物流企业进驻，形成规模效应，提高运输效率，减少运输成本。

（2）产业链的集聚

通过建设物流集聚中心，陕西自贸区可以推动相关产业的集聚，形成完整的产业链。物流集聚中心可以服务附近的生产企业，提供及时、高效的供应链服务，加强产业协同。

（3）信息流的集聚

集聚发展战略还包括信息流的集聚，通过建设信息平台和数据中心，实现物流信息的集中管理和共享。这有助于提高物流信息的透明度，降低信息传递和处理的成本，提高物流决策的准确性和灵活性。

（4）物流人才的集聚

集聚发展战略也涉及物流专业人才的集聚，通过建设培训中心、研究机构等，提高物流从业人员的素质和水平。人才的集聚有助于提升整个物流体系的智能化水平，推动物流业的技术创新和发展。

（5）政策支持的集聚

集聚发展需要政府提供有力的政策支持，如税收优惠、用地政策等，以吸引更多的物流企业进驻。政府还可以通过出台规范和标准，引导物流企业合规运营，提高整个物流产业的水平。

（6）跨境物流的集聚

通过集聚发展，可以打通跨境物流通道，提高进出口货物的通关效率，降低跨境物流成本。

在实施集聚发展战略时，需要充分考虑区域的产业结构、交通网络、政策环境等因素，制定合理的规划和政策，促使集聚发展战略在陕西自贸区的物流业中取得良好的效果。

8 陕西自贸区物流系统支撑体系

8.1 物流系统中的物流主体支撑体系

在物流主体方面，本书聚焦于运输、仓储、第三方物流和包装等专门提供物流服务的企业，这些构成了物流系统的核心执行者。

8.1.1 物流系统中的物流主体构成

目前，生产企业采用的物流模式主要有三种：一是基于企业自身物流运作系统的模式，二是依赖物流服务商提供的专业服务，三是企业自身物流系统与物流服务商相结合的模式。在推动物流现代化方面，企业可以选择两个途径：一是进行现代化改造以满足社会对物流的需求，二是直接依赖物流服务商的专业服务。然而，目前我国物流服务商的专业性服务尚不够成熟，难以满足企业多样化的需求。因此，建议企业通过整合现有的物流资源，来提高整体运作效率，如将物流分拆并参与社会化物流活动。对于那些拥有基础设施设备和强大物流系统运作能力的企业，可以考虑建立大型物流配送中心；小型零售企业则可以通过资源整合，成立专业化的物流配送企业，从而推动传统企业储运业务向社会化、市场化和专业化经营转变，推动整个社会的物流服务迈向更高的水平。

8.1.2 物流系统中的物流主体支撑策略

本书强调了第三方物流在应对产业集群内外物流挑战方面的关键性作用。为实现这一目标，可采取以下措施：

（1）自营物流的分离和改进：鼓励物流企业不断改进自身物流组织架构，提升业务能力。最终，可以考虑与母体剥离，演变成独立的第三方物流企业，从而促进更灵活、高效的物流运作。

（2）传统物流企业的升级：加速传统运输、仓储、货代、邮政等企业向现代物流企业转型的进程。通过资源整合，实现优势互补，加强提供增值服务，并扩大服务领域，以适应市场需求的不断变化。

（3）引入大型物流企业：在优越的物流运作环境中，积极引入先进的大型物流企业，通过其引领作用带动整个物流业发展，促使市场向更高水平迈进。

（4）培养骨干物流企业：提高物流市场的开放度，引导各类投资方进入物流市场。通过整合传统物流企业或者新建第三方物流企业，形成更具规模和竞争力的骨干物流企业。鼓励物流企业之间的合资合作，建立联盟，实现资源共享、协同发展。

（5）强化国际合作：支持有实力的物流企业积极参与国际市场竞争，与国内外先进企业展开合作，以提升其核心竞争力。这不仅有助于企业的全球化发展，也能够为国内物流业带来更多创新和先进的管理经验。

（6）重点扶持龙头物流企业：在扶持政策中，应着重支持和培育龙头物流企业，促使其迅速成长。这些龙头企业具有示范带动作用，可以在业界发挥引领和推动整个物流行业进步的作用。

8.2　物流系统中的物流客体支撑体系

物流客体主要涉及企业与消费者之间产生的物流服务需求，是系统中不可忽视的重要组成部分。

8.2.1　物流系统中的物流客体构成

未来物流服务的发展会受物流需求的深刻影响，这要求物流企业不仅提供传统的市内配送、干线运输、仓储保管和包装加工等服务，还需致力于现代物流服务的开发，例如，物流咨询与管理、物流银行、物流信息系统的建设，以及供应链的改善等方面。在传统物流企业服务方面，除传统的市内配送和干线运输外，物流咨询与管理、物流系统再设计和仓储保管也是关键服务内容。近年来，物流咨询与管理服务和系统改造服务引起了广泛关注，成为企业关注的焦点。

随着新兴物流服务的兴起，未来物流服务行业将迎来更为广阔的发展空间。物流管理公司将成为具有广阔发展前景的行业，因为它们不仅能够提供传统的物流服务，还能满足企业对物流咨询、系统改造等现代服务的需求。因此，未来物流服务的发展将在整个行业中掀起一波新的浪潮，为物流企业带来更多的机遇和挑战。

物流服务分为三大类：传统服务、专业服务和金融服务，具体内容如表 8－1 所示。

表 8－1　物流服务分类

分类	内容
传统服务	仓储保管、干线运输、市内配送、包装加工
专业服务	定做信息条形码、开发物流信息系统、物流系统再设计、物流咨询与管理
金融服务	代为报关、代结货款、保理业务、仓单质押、物流银行

现代物流服务应定位于发展现代的专业化物流服务。首先应注意发展基于基本功能延伸的增值服务，然后向供应链集成式的增值服务发展。

8.2.2　物流系统中的物流客体支撑策略

（1）传统物流服务支撑措施

升级传统物流服务涉及整合有形资源和无形资源，有形资源包括基础设施和设备，无形资源包括企业运作能力等。发达国家的物流资源整合模式提供了有益的借鉴经验，可通过并购新服务产品和建立广泛的战略联盟来完善传统物流服务网络。

生产企业的物流涵盖了生产物流、采购物流和营销物流，其中生产物流市场潜力巨大。为提升效率，可以采取两种主要措施。首先，可通过整合物流资源，建立自营物流，实现一体化管理。其次，可选择剥离自营物流，逐渐演变为第三方物流企业，从而专注核心业务。在生产型企业中，建立自己的物流设施相对较为罕见。因此，针对这一情况，可以重点支持核心物流企业改进物流运作模式。通过整合可利用的资源，这些核心企业能够采取扩大增值服务功能延伸服务领域，或者采取与大企业形成战略联盟等多种形式，加速向现代物流企业的转型。

总体来说，对传统物流服务的升级需要深思熟虑的整合策略。整合有形和无形资源，借鉴先进模式，以及灵活采取并购、战略联盟等手段，将有助于形成更为高效、创新和现代化的物流服务体系。

（2）专业物流服务支撑措施

通过对流程进行再造和重组，采用先进的物流技术和创新的管理方法对供应链进行优化，实施原材料和零部件的“零库存”管理，以实现降低物流成本和加速资金周转的目标。在支持生产企业进行物流资源整合方面，鼓励国内外知名的物流企业积极参与，为生产企业的关键产品产业链提供专业化的物流服务。为推动整个物流体系更加高效，政府应当积极促进物流信息化的建设，包括广泛采用信息条形码、开发先进的物流信息系统、精心设计系统结构，以及提供全方位的物流咨询与管理等信息服务。

通过推动信息网络基础传输平台的建设，加强信息基础设施的完善，加快区域信息交换枢纽中心和电子商务中心的构建，以促进电子商务认证体系的健全。同步完善网上支付系统和物流配送系统，形成一个紧密连接的网络结构。在信息平台建设完成后，强调广泛推广和应用，特别是与电子商务的紧密融合。充分利用建立的物流信息平台，实现制造商、供应商和用户之间的有机联结，有效掌控物流运作的各个环节。在公共平台的支持下，加速推动电子商务的发展，进一步完善网上交易系统、网上支付系统，以及相关的物流配送系统。这一系列举措将有助于推动电子商务的全面发展，使信息网络基础传输平台更为健全和完善。

(3) 金融服务支撑措施

专业物流金融服务是一项包括代为报关、代结货款、保理业务和仓单质押等多方面服务的综合性业务。为了推动这一领域的发展，政府可以通过出台鼓励措施，促使金融机构与物流企业合作，共同建立物流银行。广东发展银行等先行者已经在物流金融方面进行了积极的探索。

物流金融服务正在成为银行与物流企业合作的新模式。通过建立物流银行，这些金融机构能够将物流、信息流和资金流有机整合，为企业提供全程金融服务。采用封闭运作的银行模式，突破了传统的地域限制，使得企业能够在没有信息障碍的情况下进行业务活动。广东发展银行等机构的成功经验表明，建立物流银行有助于确保物流公司及时提供配送服务，促使企业与经销商之间的业务往来更加高效。

此外，除专业物流金融服务之外，物流总代理、供应链改善等服务也需要政府的关注和支持。政府可以把握生产性物流市场的发展趋势和定位，引进国际知名物流代理和供应链管理企业。通过引入先进的管理理念和技术，政府可以促进这些服务不断完善，为生产供应链的优化提供有力支持。

8.3 物流系统的物流载体支撑体系

物流载体包括物流协同管理平台、物流基础设施平台、物流政策平台和物流信息平台，它们共同构成了整个物流系统的支撑体系。通过物流信息平台，各物流主体能够实现快速传递和分享信息，有效提升系统响应速度和准确性。物流协同管理平台推动各环节更紧密协同运作，形成高效的整体体系。同时，物流基础设施平台为物流系统提供了必备的硬件和软件支持，确保了物流活动的顺畅进行。

8.3.1 协同管理平台的治理模式分析

物流服务能力的限制在于物流系统的成本和效率，这直接影响着服务的成本和效率水平，进而决定了业务的覆盖范围。亚当·斯密的观点强调了市场容量对分工程度的制约，专业化分工虽然可以提高生产效率，但必须建立在物流系统的有力支持之上。协同管理作为一个复杂的系统，在数据获取方面存在一定的难度，但在物流支持体系的协同管理平台中，为治理模式的选择提供了一些建议。

治理模式被定义为交易组织的模式，威廉姆森将其划分为市场治理、三边治理、双边治理和一体化治理四个关键类别。在选择是否进行物流合作以及选择何种治理模式时，双方通常会权衡最大化收益与合作成本之间的差额。一旦合作意愿形成，选择最小化成本的治理模式就成为关键因素。通过对物流合作的综合成本进行审视，对不同治理结构进行详细分析、总结比较，有助于找到最适合物流合作的治理模式。

在面对非专用性投资的标准化物流服务时，可以采用市场治理结构，以促进合作的高效运作。对于短期合作需求，涉及一定专用性投资的物流合作，适宜采用三边治理模式，以在合作中实现资源共享和成本降低。而对于专用性投资程度较高的物流合作，为确保专用性投资回收，特别是在合作期限较长的情况下，应选择双边治理模式。在一些情况下，如果采用三边治理模式导致交易成本过高，可考虑将其一体化集成到一个企业内部，选择一体化治理模式。这些详细的治理模式建议为不同情境下的物流合作提供了有针对性的指导，有助于在复杂的合作关系中实现更好的管理和效益。

（1）优势产业物流治理模式

为了促进优势产业物流的发展，必须充分认识到这一领域的独特性和挑战。实现这一目标需要加大在（非）专用性“设备”投资和专业性服务方面的投入，以确保物流运作的高效性和可持续性。同时，合作周期作为一个重要的考量因素，通常需要更长的时间来建立和维护稳固的合作关系。

在面临专用性投资和高转换成本的现实情况下，我们必须认识到这些问题在短期内难以迅速改变。这种困境可能导致矛盾的产生，因此我们需要寻求创新的治理模式来协调和解决这些矛盾。在这方面，三大优势产业物流治理模式崭露头角，主要依赖双边治理和一体化治理的方式，以有效地应对复杂的物流环境。

在推动物流治理模式的发展中，政府的积极参与是至关重要的。通过政府的引导和支持，可以促使各方更好地协同合作，形成更加有利于产业链协同发展的环境。同时，市场扩容也是一个关键因素，能为物流产业提供更广阔的发展空间，促进更多合作机会的出现。在整个过程中，我们需要保持对关键词的关注，以确保在物流领域的发展中明确重要的方向和重点。

（2）新兴产业物流治理模式

新兴产业在物流方面的进展并非仅依赖特定的物流服务，而是在考虑产品差异性和转换成本不确定性的情况下进行的。尽管产业外的物流服务通常能够满足一些需求，但为了有效应对新兴产业的复杂挑战，主导的物流治理模式应采用三边治理和双边治理。在这一背景下，政府提出了鼓励物流外包的政策措施，旨在促进物流市场的进一步完善。此举有望打破区域位置的限制，为新兴物流产业提供更多资本支持，从而在发展中克服资本制约的问题。

政府在新兴物流产业的发展中发挥着关键作用，通过支持新兴物流产业的发展，促使物流市场更好地满足不同产业的需求。此外，强调了新兴物流产业在发展中的资本需求，以确保其实现可持续增长并为整个产业链的稳健发展奠定坚实基础。

因此，为了加速新兴产业的形成，建议政府积极采取支持措施，鼓励物流外包，为物流市场的健康发展创造有利条件，进而推动新兴物流产业的繁荣。

（3）传统产业物流治理模式

在传统产业中，物流发展扮演着关键的角色，其核心在于提供标准化的物流服务以及基于需求的定制物流服务。这种双重服务模式有助于降低契约成本，使得合作周期相对较短。在物流治理方面，市场治理和双边治理是主要采用的模式，为确保顺畅的物流运作提供了有效手段。为了实现与国际物流的顺畅对接，建议政府在基础性物流设施方面进行完善，特别是注重冷链设施的建设和管理水平的提升。积极推进物流标准化也是关键的一步，其有助于降低进出口受限度，使得传统产业的物流体系更好地适应国际标准和需求。这些措施将有助于促进传统产业的物流发展，使其在国际舞台上更具竞争力。

8.3.2 物流系统中的物流载体支撑策略

（1）物流基础设施平台

物流基础设施平台在促进城市化、工业化和产业化方面发挥着不可忽视的作用，关键点在于整合分散的经济要素，推动形成具有“集聚效应”的经济格局。在集群供应链中，物流基础设施平台的建设需要充分考虑物流需求的集中或分散特征，以便更有效地应用于城市和产业的发展。总体而言，物流基础设施平台可分为物流运输基础设施、物流运作基础设施和物流辅助基础设施三个层面。

首先，物流运输基础设施的发展需要在交通网络体系方面做出更多的努力，整合铁路设施发展，并建立多元化经营机制。与此同时，铁路设施与公路网络和其他运输方式的协同配合至关重要，使物流运输系统更加灵活、高效。水路基础设施的发展也需要关注提升集装箱进出口能力，以适应不同物流需求的变化。

其次，物流运作基础设施的规划建设应与产业相匹配，确保与物流资源、物流园区网络、运输枢纽网络和产业网络的协同发展。通过建立以综合交通体系为基础的物流园区和物流中心，可以更好地实现物流运作的协同发展，提高整体运作效率。在这一过程中，合作、供应链网络、联合采购和中转服务等机制将发挥关键作用，有助于实现物流资源的最优配置。

最后，物流辅助基础设施主要涉及现代信息技术的广泛应用。通过建立公共信息平台、利用网络技术以及各种信息系统，可以构建高效的物流协同管理平台。在这个过程中，数据交换、管理信息系统、射频技术、地理信息系统、全球定位系统、计算机集成制造系统等技术手段将成为关键，有助于实现物流运作的智能化和高效管理。这些技术的综合运用将为物流基础设施平台的建设提供有力支持，推动整个物流行业的发展。

（2）物流政策平台

在构建有益的政策环境的同时，推动物流业务的顺利进行显得尤为重要。在这个背景下，明确定义和制定具体的物流政策至关重要，必须深入了解产业集群的微观需求。为了实现这一目标，本书提出了一系列具体的政策措施：

①引进与当地产业高度相关、具有较强带动效应的物流项目和相应的产业配套措施，以促进整个产业链的协同发展。

②设立专门的物流产业发展领导小组，负责统一领导和协调相关物流支持体系的规划和发展，确保各项政策的有机衔接。

③建立物流产业发展部门的物流工作联席会议制度，通过协同努力推动物流管理的创新和完善。

④将现代物流业作为吸引国内外投资的重点领域，策划并推动一系列大型物流项目，将其纳入全市的招商计划，实现资金的有效引入。

⑤制定龙头物流企业和重点物流项目认定机制，为这些企业提供有关的优惠政策，同时在外包物流业务方面予以支持和倾斜。

⑥鼓励企业采用先进的物流技术和设备，推动科技创新，并推荐其申请中央国债贴息资金项目计划和科技三项经费，以促使整个行业不断升级和提升竞争力。

这一系列措施旨在激发物流产业的发展活力，不断提升技术水平，吸引更多投资，为整体经济带来可持续的增长动力。

(3) 物流信息平台

在供应链内部，由于牵涉多个企业之间的协作和任务分配，各种影响因素繁多。为了促使企业之间实现高效的协作和无缝的信息交流，物流信息平台成为不可或缺的利器。该平台的体系结构设计（见图8－1）需全面覆盖数据采集、数据源、数据处理、数据仓库以及分析应用五个关键层面，采纳多层架构，以确保各层之间的协同和耦合。这样一来，企业能够实时获取最新信息、密切关注数据流向，并从数据中挖掘更多有益信息，从而更好地为各个企业提供服务。

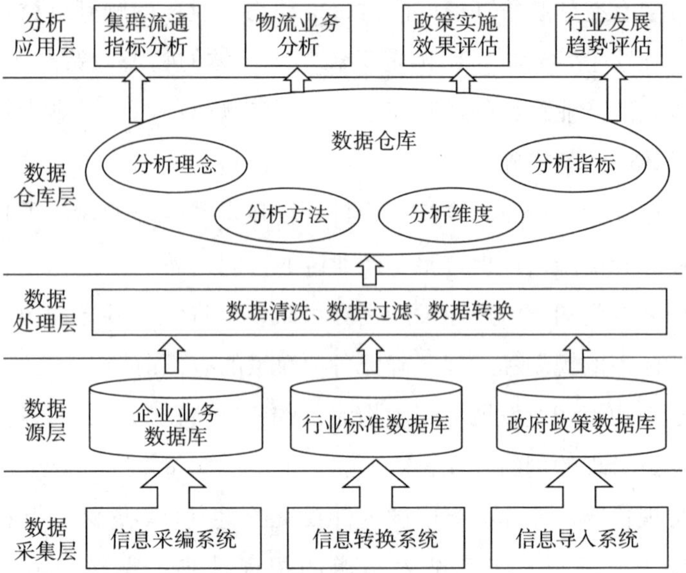

图8－1　物流信息平台体系结构设计

在数据采集层，可以通过多样化的方式，如手工录入和数据导入等，积极搜集必要的信息。在这个过程中，务必利用信息采编系统和信息转换系统，以确保数据经过标准化的转换流程。

数据源层则按照数据的特征进行了细致的划分，包括企业业务数据库、行业标准数据库以及政府政策数据库等多种类型。

进入数据处理层，主要包括数据清洗、数据过滤和数据转换等多种操作，最终形成一个经过充分处理的、集中式的综合数据库。

数据仓库层则负责存储那些经过加工、处理和整合的数据，通过深度分析提炼有用的信息，为企业物流活动提供强有力的支持。

在分析应用层，采用了各种先进的技术和模型，如神经网络法、大树分析法、基因算法以及动态聚类算法等，对储存在数据仓库中的数据进行深入的分析和处理。通过这些技术手段，我们能够深度挖掘更多的信息，为客户提供更为精准的服务。

因此，结合这些关键层次的数据处理和分析，企业能够更全面地理解数据的本质，做出更明智的决策，实现更高效的物流管理和服务提供。

9
陕西自贸区物流系统运行政策理论框架

9.1 物流政策的理论概况

研究表明，物流政策在国家级别被构建，旨在实现公共资源的有效配置、解决市场失灵难题、促进产业协调发展，并制定有针对性的产业发展战略。这构成了一个应对现代物流产业网络性、派生性及高度产业融合性的公共政策体系。全球范围内的经验明确显示，政府在产业的建立、发展和巩固方面扮演着关键的角色。尽管如此，中国长期以来的计划经济和条块管理体制导致现有的物流政策体系难以适应现代物流发展的需求，从而严重制约了物流产业的进展。

对陕西自贸区物流业发展现状的深入分析揭示了一个现象：单纯依赖现有物流企业在市场利益的推动下进行自主发展，难以实现物流产业的迅猛发展。因此，研究建议应积极借鉴发达国家在物流产业发展方面的成功经验，结合西安市物流产业的实际和未来发展趋势，构建一个更为完善的物流政策体系。该体系应当涵盖政策的明确目标、设计原则、具体内容、实施策略以及理论支撑，通过政府的“有形”调控和规范，最大限度地发挥后发优势，从而促使陕西自贸区物流产业实现更为迅速的发展。

9.1.1 物流政策的目标

物流政策的目标在于多方面目标的综合实现：首先，其目的在于培育和促进物流产业的发展，为其提供有力支持和鼓励，以推动整个行业的蓬勃发展。其次，物流政策的目标在于维持和提升物流产业的竞争优势，通过对政策进行有针对性的制定和调整，确保该产业在国际和国内市场中保持领先地位。同时，物流政策还旨在消除政府职能缺失和物流市场失灵现象，通过明确的政策措施和监管机制，确保政府在物流领域中履行职责，以及市场在资源配置和运作中的有效性。最后，物流政策的一个重要目标是促进物流产业与其他相关产业的协调发展。通过制定政策促进物流与各个产业的协同合作，实现资源的共享和互补，从而达到整个产业体系的协调增长。这一综合性的目标体现了物流政策在促使产业间相互关联、相互促进的同时，确保政府在引导和监督方面有效发挥作用。

9.1.2 物流政策的设计原则

物流政策的设计原则可分为一般原则和特殊原则。

（1）一般原则

① 坚持市场主导与政府引导相结合原则。实现物流产业的健康发展需要在市场主导和政府引导的双重作用下进行。市场主导强调发挥市场机制的主导作用，激发企业的创造力，促进生产要素的自由流动和有效配置。而政府引导的角色在于通过明确的物流产业发展政策，引导企业的投资方向，对于具备公益性和符合规划要求的物流项目应提供资金扶持。同时，政府需要运用一系列政策工具，规范行业管理和引导企业自律，以确立一个有序、规范的物流市场环境。

② 物流管理相关政府部门的统一协调原则。现代物流产业涵盖多个领域，因此需要在物流管理相关政府部门之间实现统一协调。由于各管理部门存在职能差异，且牵涉面广，各级政府应建立协调平台，整合各部门资源，以推进城市现代物流产业的协调有序发展。这一统一协调的原则有助于解决不同部门之间的管理体制差异所带来的问题，推动物流产业在城市中的全面发展。

③ 扶持本地物流企业与引进外资物流企业相结合原则。随着市场

经济体制的不断完善和对外开放程度的逐步提高，西安市政府在物流政策设计上迫切需要采取一系列关键措施，以推动本地物流行业融入全球市场。首先，市政府应当注重市场化运作，确保本地物流企业与引进的外资物流企业享有平等的待遇，通过激发市场竞争，推动整个物流行业的提质升级。

其次，通过积极的市场机制，市政府可着眼于扶持和培育本地优秀物流企业，使其具备国际先进水平，更好地适应自贸区改革开放高地的国际物流需求。这不仅有助于提高本地物流企业的国际竞争力，还能够推动整个物流行业的创新和发展。

同时，在信贷政策、用工制度、发展环境等方面，市政府需要制定更为灵活和有针对性的政策，以积极扶持中小企业的发展，助力它们在市场竞争中崭露头角。这样的政策将为中小企业提供更多发展空间，促使形成结构更为合理和竞争更为有序的市场格局。这一系列综合性的政策措施将有助于建立健全物流体系，推动本地物流产业的可持续繁荣，使之更好地服务于自贸区改革开放，助力西安市成为国际物流重要节点。

④ 扩大规模与集约发展相结合原则。物流产业的蓬勃发展不仅依赖于物流基础设施的大力建设，也需要与经济社会的高速发展紧密衔接，确保行业规模得以全面扩大，充分发挥其在支撑和保障方面的重要作用。在这一发展过程中，必须牢记节约用地、节约用能、节约用水的重要原则，切实采取措施控制多占地和乱占地的现象，平衡物流发展与用能、发展与用水之间的紧密关系。选择集约式和内涵式的发展模式是关键，以提升物流产业的可持续发展能力。这一战略方向将有助于确保物流产业与城市发展相辅相成，为经济可持续增长创造有利条件。

⑤ 体现现代物流特点和发展趋势的原则。在制定物流产业的政策法规时，必须全面考虑现代物流的关键特点和未来发展趋势，以提升物流体系的系统性与综合调整能力，包括对物流产业的系统化、信息

化、标准化、集成化、协同化和集约化等关键方面的政策制定。在具体的政策制定中，需要特别关注各个物流环节，包括运输、仓储、装卸、包装、流通加工和物流信息等关键因素。特别值得关注的是物流信息方面的政策，因为它在我国物流政策中仍然是一个相对薄弱的环节。物流产业作为一个高度标准化的系统，应围绕物流标准化的推进和提高制定相应的法律、法规与政策。此外，物流产业的系统化特点要求在政策制定过程中注重各物流环节政策的相互协调、衔接与相互增进，以避免政策之间的矛盾。这种相互协调和相互增进的政策制定方法有助于确保整个物流产业在政策框架下能够更加有机、高效地运作。

⑥ 体现可持续发展、和谐发展的原则。在制定物流产业政策的过程中，首要任务是通过采取一系列有针对性的措施，推动整个社会的物流效率提升，同时最大化地降低物流对社会发展和环境造成的外部不经济性，包括但不限于解决交通拥挤、减少大气污染、降低噪声水平、保障居民生活空间，以及抑制居住成本上升等方面的问题。物流行业内既存在巨大的效率与效益提升潜力，也有巨大的环保改善空间。

在构建西安市的物流政策体系时，应当明确一系列原则，以确保在推动物流发展的同时，能够平衡社会、环境等多方面的利益。这一政策体系旨在实现全面可持续的物流发展，使其与经济效益同步提升。因此，制定物流政策时应秉持效率与社会环境目标兼顾的原则，促使物流行业在全面、长期的可持续发展中发挥积极作用。

（2）特殊原则

① 清晰的物流产业发展目标。物流产业的发展意在不断提升社会物流效率，通过积极维护和培育产业竞争力，努力培育企业适应新型竞争环境和竞争范式的能力。这不仅有助于加速国民经济繁荣，而且有助于推动产业结构不断升级。在实现这一宏伟目标的过程中，必须牢记科学发展观的指导原则，以确保发展目标的科学性和可持续性。

在具体实施战略时，物流产业需要制定全面的发展战略，明确以提高竞争能力为核心的方向。这意味着要在提高运输和供应链效率的同时，深入挖掘创新技术和管理模式，以增强企业的竞争力。与此同时，制定策略时还需综合考虑社会和环境的需求，力求在物流产业的快速发展中实现社会效益、经济效益和环境效益的良好平衡，以促进物流产业的和谐发展。因此，物流产业的发展路径必须紧密契合科学发展观的理念，注重以人为本、可持续发展原则，确保在提高竞争力的同时，也能为社会、环境的和谐发展贡献积极力量。

② 培育物流供应链成员合作的信任及反馈机制。供应链竞争力的核心要素包括创新能力和学习能力。这两者的发展主要依赖供应链成员之间建立的坚实信任基础，而这种信任基础深植于供应链对道德风险的敏感反馈机制。因此，在培育物流供应链竞争力时，需特别关注规范市场环境、构建公共服务平台以及健全管理机制，从而推动成员之间的合作信任不断增强。这一系列努力将有助于提升供应链的学习能力和技术扩散能力，最终有效增强其创新驱动力。

③ 供应链共同遵守的制度建设。政府并非直接介入供应链的运营管理，而是通过制定法律和法规，建立成员及其组织需要遵循的制度，以提升供应链的竞争力。这种方式有助于形成一种有效的公私合作伙伴关系的管理模式，通过法律框架明确参与者的责任和义务，进而促进协同合作。政府的角色在于提供制度保障，为供应链的有序运作创造良好的环境，推动各方建立起相互依存的协作体系，从而推动整个供应链系统的高效运转，增强其竞争力。

9.1.3 物流政策的内容

根据物流政策的功能和作用，该政策可分为支持性政策、引导性政策和发展性政策。支持性政策的关键在于建构稳固的基础，其中基础设施的拓展与配套环境的完善相辅相成，为整个物流产业的发展提供了坚实的平台。与此同时，引导性政策通过区域分工的巧妙布局、物流节点科学谋划，以及商业运作体制的合理解决，有序引导物流业的合理发展，使其在发展的道路上更具智慧。而发展性政策积极致力于为物流产业构筑升级的路径，通过创新和技术应用的激励，以及培育重点企业和吸引外资物流企业的举措，推动整个物流行业向更高层次跃进。这一系列政策的协同作用，使得现代物流业在不断创新和升级的同时，更加全面地提升了国际竞争力，为经济发展注入了强大的动力。

9.1.4 物流政策的实施

物流政策的贯彻执行主要涉及政策边界的明确定义，特别是政府边界的明确划定，以及生产要素的巧妙投入和环境的有序培育等多方面的努力。在政策的边界方面，需要明确定义物流政策的具体范畴和适用领域，确保政策的实施具有明确的指导性和可操作性。政府边界的确定则要求在政府层面明晰物流政策的职责范围和权责关系，以确保政府在物流领域的有效治理和资源调配。

生产要素的投入方面，物流政策的实施需要注重在物流产业中合理配置各种生产要素，包括人力、资金、技术等，以提高物流效率和服务水平。此外，环境的培育是确保物流政策顺利实施的重要环节，涉及良好的法规环境、市场环境和文化氛围的塑造，以激发物流业的活力和创新。

通过明确政策范围、界定政府边界、合理配置生产要素、培育环境等多方面的努力，物流政策的实施能够更好地促进物流产业的健康发展，为整个经济体系注入更强劲的发展动力。

9.2 西安物流产业政策构建的阶段性和重点

9.2.1 近期目标和重点

当前的首要目标在于营造一个稳定而充满活力的经济和社会环境，为物流行业的发展创造良好条件。这一目标的实现将通过完善和引导物流产业的升级来达成，旨在为物流业提供一个合理、科学的发展平台，特别是在引导不同区域物流产业的合理分工和专业化发展方面。

引导性政策的框架主要包含产业调整、产业扶持、物流效率和物流集聚等方面的政策。这一政策体系的设计涵盖了法规规范、政策导向以及经济扶持等多个层面，旨在多方位地促进物流产业的健康发展。通过对产业结构的灵活调整、提供有力的产业扶持，以及提升物流效率和推动物流集聚，为物流产业的全面发展奠定坚实的基础。

这一综合引导性政策体系将为物流产业的可持续发展提供有力支持，也将为整个经济体系的升级注入新的动力。

（1）集聚政策

物流产业集聚政策是根据西安市物流发展规划中的物流产业空间布局而制定的一项战略，旨在通过制定相关土地和服务方面的优惠政策，引导不同类型的物流企业有序入驻相应的物流园区。这一政策的核心目标在于避免重复建设，通过有效整合资源和集成服务，实现规模效益和范围经济，为物流企业创造发挥协同优势的条件。

具体而言，物流产业集聚政策基于对物流发展规划的深入研究，通过提供具体的土地优惠和服务支持，鼓励物流企业在规划好的物流园区内进行集聚。这有助于形成一体化的物流产业生态系统，避免资源的分散利用，同时提高整体运作效率。通过集聚政策，不同类型的物流企业能够在共享资源和服务的同时实现相互协同，形成更加紧密的合作关系，提升整个物流产业的竞争力。

这一政策的实施有望促进物流企业在西安市的有序发展，同时为该地区的物流产业提供了可持续发展的战略方向，最终实现协同优势，推动物流产业向更高水平发展。

（2）效率政策

深入研究物流各个环节的协调和衔接操作规程，并结合物流节点转运与城市限制政策，积极实施共同配送和多式联运等创新举措。这有助于进一步提升物流企业间的协同效率，支持它们提供更为一体化的集成物流服务，实现“货畅其流”并不断使物流服务增值。在这一过程中，制定统一的物流成本核算基准，旨在为规范物流企业管理和宏观调控打下基础。

在研究中，对物流各个环节的协调和衔接操作规程进行深入分析，以确保流程的高效性和协同性。与此同时，对物流节点转运和城市限制政策进行综合考虑，以更好地适应城市化发展和政策限制，确保物流系统的顺畅运行。通过积极推进共同配送和多式联运，促使不同物流企业之间进行更加高效的合作，提高整个供应链的运作效率。

此外，制定统一的物流成本核算基准有助于建立公平竞争环境，同时为相关政策的制定提供参考依据。这一标准化的核算体系有助于规范物流企业的管理体系，提高行业整体效益。因此，通过这一系列措施的综合推进，可以有效地促进物流行业的发展，构建更为高效和可持续的物流服务体系。

（3）产业调整政策

物流产业结构升级政策旨在通过一系列的优惠政策，引导不同类型的物流企业在空间上合理分布、在功能上合理分工，从而优化整体产业结构。在未来数年内，政策的目标是构建一个以公路、铁路、航空企业、仓储和第三方物流服务企业（3PL 企业）为基础的高效物流产业结构。这将基本形成布局科学、结构合理的现代化城市物流空间体系，同时拥有技术先进、相关产业齐备、具备国际竞争力的现代化物流产业发展体系。

通过提供一系列优惠政策，政府将鼓励物流企业在不同区域有序发展，以最大限度地发挥各自的特长和优势。公路、铁路、航空等不同运输方式的企业将在协同合作的基础上形成更为紧密的产业网络，提升整体物流效能。与此同时，仓储和第三方物流服务企业的发展也将得到推动，形成完善的产业链。

最终，这一政策的实施将使得城市物流空间体系更为现代化和科学化，整体产业结构更加合理，同时提高了整个物流产业的国际竞争力。通过先进技术的运用和相关产业的全面发展，物流产业将迎来更为可持续和繁荣的发展阶段。

具体政策包括：

（1）规划和土地使用政策。在物流园区和物流中心项目的规划与土地审批阶段，我们强调要给予特别关注，以确保项目的有序推进。积极鼓励社会投资主体参与基础设施建设，为物流行业创造更为有利的发展环境。在经营性用地方面，我们主张采用招标、拍卖或挂牌等透明的方式进行土地的出让或租赁，以保障资源利用的公平性。对于生产性用地，应严格按照省政府相关协议规定的最低价出让或租赁，确保物流企业获得优先供地。除此之外，投资于各类经济开发区的物流项目应在有关部门批准后享受相应的开发区优惠政策，以提高项目的吸引力。通过这些关键措施，我们将能够更好地推动物流行业的发展，为经济的繁荣做出积极贡献。

（2）税收政策。为促进现代物流事业的健康发展，特别是在物流企业面临低利润的挑战下，需要采取一系列有力的措施，以切实降低物流成本、激发物流需求，促使物流企业迅速壮大。其中，税收优惠政策成为关键利器之一。对于完成工商部门注册并经联运主管部门认定的物流企业，经税务机关批准，可合法使用联运业务专用发票，为其经营活动提供便利。

此外，新设立的独立核算物流企业，若符合所得税减免条件，同样可在取得税务机关批准后，自开业之日起享受免征或减征所得税的优惠政策。这一系列税收激励措施的设计旨在为物流行业创造更加良好的经营环境，进而推动其可持续发展。政府与企业共同合作，通过提供税收优惠，致力于建立更为稳健和有活力的物流体系，为整个行业注入发展动力。这些措施将为现代物流业务的繁荣创造更为有利的条件。

（3）其他相关政策。为了最大限度地发挥自身在行业中的关键作用，物流协会作为一个自律组织应当在各个层面独立展开广泛的行业活动，强调并树立全面的服务观念，以更好地满足政府决策、企业运作和人才培养的多层次需求。在推广物流行业标准、积极参与教育培训项目以及进行从业人员资格认证等方面，物流协会应当发挥其引领和协调的作用，为行业的统一标准和专业素质的提升做出更为积极的贡献。此外，物流协会需致力于大力推进物流技术和技术标准的建设与普及，以促进整个物流行业技术水平和标准化水平的稳步提高。通过积极努力，物流协会将为行业的可持续发展和整体素质的不断提升做出关键性的贡献。

9.2.2 中期目标和重点

在未来的2～3年，通过西安市物流发展机构或协调机构的统一协调，西安市将致力于理顺各类与物流发展相关的政策法规，建立层级结构与逻辑脉络清晰的现代物流发展政策体系。这一过程的关键任务将聚焦于物流组织（包括企业组织和空间布局）、物流行为、物流效率、设施供给、物流技术创新、国际化以及社会保障等方面。

通过统一协调机构，不仅可以确保各项政策法规协调一致，也有助于建立更为系统和有机的政策框架。物流组织方面的政策将关注企业组织结构的合理布局和物流空间的科学规划，以实现更为高效的物流运作。物流行为方面的政策将促进行业内各方在合规运作和合作方面的良性发展，提升整体行业水平。物流效率方面的政策将关注提升运输、仓储等环节的效率，以降低成本和提高服务水平。

此外，政策体系将重点关注设施供给、物流技术创新、国际化和社会保障等方面，以全面推动现代物流体系的升级。通过这一全面而有序的政策体系建设，西安市的物流发展将更加有序、科学和可持续，为全面提升物流产业的发展水平奠定坚实基础。

9.2.3 远期目标和重点

在近期和中期的建设过程中，西安市将致力于完善物流发展纲要综合政策体系，甚至考虑构建西安市物流法规的法律框架，以法律手段对西安市物流产业的发展进行规范。同时，将持续调整物流支持性、引导性和发展性政策，确保它们之间协调互补，形成一个以政府引导为主、市场调节为辅的政策法规体系，以促进西安市物流产业的健康发展。

通过完善综合政策体系，可以确保政策的全面性和协同性，使得各项政策更为有力地推动物流产业的各方面发展。与此同时，构建西安市物流法规将为物流产业提供更为明确和具体的法律依据，为企业和机构提供更加明确的指引，从而推动整个行业规范化发展。

调整物流政策的协调性，使其更加贴近市场需求和行业实际，有助于形成一个更加灵活和有效的政策法规体系。这一以政府引导为主的体系将为市场提供必要的支持，促使物流产业在竞争激烈的环境中实现健康、可持续发展。法律手段的规范和政策体系的协调，有望为西安市物流产业搭建一个更为稳定和可持续的发展平台。

10

陕西自贸区物流系统的政策体系

10.1 物流政策体系研究

近年来，物流市场的竞争日益激烈，恶性竞争不断升级，环境污染、能源浪费以及交通拥堵等负面外部效应日益显著。为了推动陕西自贸区物流系统的发展，需要深入梳理我国物流政策法规以及西安市的相关政策法规。同时，通过与发达国家的物流政策体系进行对比分析，找出存在的问题和差距，并有针对性地构建西安市物流政策体系框架。通过完善西安市的政策体系，加快物流产业的发展，有望有效应对当前面临的各种挑战。

根据物流政策设计原则，结合西安市经济发展的关键特点，考虑现代物流集约化和协同化的发展趋势、物流的基础产业性质以及物流的共生、集成和网络特征等因素，政策体系包括基础设施、竞争政策、要素市场、管理改革和战略信息等多个关键要素，形成了一个有机的整体。该体系不仅是一个创新交流平台，也是管理组织的重要组成部分，旨在促使物流市场实现平稳、互信互利和高效运行。实行这一全面的管理组织政策体系，能够推动物流产业的健康发展，促进西安市经济的繁荣。

10.1.1 环境因素

（1）我国物流相关政策法规体系

我国已经构建了相对完备的法律体系，其中包括立法体系、司法体系以及执法体系。在这一庞大而系统的法律框架中，交通运输物流政策法规体系作为其不可或缺的组成部分，必须遵循我国法律体系的基本原则。同时，为确保整体的协调性和一致性，该体系必须与其他法律规范密切相关，并保持高度的衔接性。

交通运输物流政策法规体系的制定和实施需与整体法律体系相协调，确保各层面的法规相互支持和补充。这种协调性不仅体现在法律的制定过程中，还体现在法规的执行和司法裁决等方面。因此，该体系的设计必须具备高度的整合性，以确保在各个层面和环节都与我国法律体系保持一致，形成一个统一而有序的法律框架，为我国交通运输物流的有序发展奠定坚实的法律基础。

（2）发达国家物流产业发展政策体系

我国现代物流处于不断发展之中，应当在制定物流产业的政策法规体系时吸取发达国家的经验和教训。这些政策旨在保护和促进本国物流业发展的同时，使其符合国际管理的标准。为了增强竞争力，必须在保护本国物流业的前提下适度开放。在面对国际管理和规则时，我们应趋利避害，充分利用安全例外条款。借鉴发达国家的政策法规制定经验，并科学、灵活地应用《服务贸易总协定》条款，以不断完善我国物流产业发展政策体系。

（3）政府和行业协会

政府是推动整个物流行业向前发展的关键杠杆。物流行业组织作为桥梁和纽带，连接着政府与企业，发挥着至关重要的作用。这些组织不仅提供服务，涵盖了信息、理论、政策参谋等多个方面，还为政府和企业提供全方位的双向支持。

为了更有效地引导物流行业的发展，政府的管理手段需要从单一的行政手段转向更为多样化的经济手段和法律手段，同时适度采用行政手段。管理的焦点也应从仅关注企业扩展到市场的全面管理，创造一个开放、透明、公正的市场环境，以确保不同类型的企业能够平等地参与市场竞争。

在国家宏观调控的框架下，建立基础性资源配置的市场机制将会发挥更为有效的作用。这种机制有助于在市场上实现合理的资源分配，为物流行业的可持续发展提供支持。因此，政府推动物流发展的努力不应该局限于行政手段，还需要通过经济、法律等多种手段来全面推动行业的健康发展。

10.1.2 物流政策法规体系构想

基于对西安市和我国现行物流政策所存在问题的深刻认识，结合西安市经济发展的特点，需要在现代物流趋势、基础产业性质以及物流的共生、集成、网络特征等方面进行全面思考。在推广阶段制定一个符合社会主义市场经济要求的政策体系框架，该框架的核心目标是协调各方面关系，以引导、支持和发展的方式积极扶持和培育物流企业及物流产业。

在这一政策体系框架中，重要的是实现物流产业的协同化发展，使其更好地融入西安市经济体系。这需要关注物流的共生特性，促使其与其他基础产业形成良好的互补关系，进而推动整个产业链的集成。在网络特征的引导下，可以建立更加高效、灵活的物流网络，以适应现代化、数字化的发展趋势。

在推广阶段，政策体系框架需要更加注重社会主义市场经济的原则，即在协调各方面关系的同时，通过引导、支持和发展的手段，推动物流产业的全面发展。这包括通过制定明确的政策，对物流企业提供支持，引导其在创新和技术升级方面取得更大突破，从而推动整个物流产业水平的提高。

总体而言，协调有序的物流政策体系框架（见图 10 - 1）能够有力地支持和引导西安市物流产业的健康快速发展，从而为经济的可持续增长奠定坚实的基础。

在物流政策体系方面，政策边界、投入要素和环境培育政策的不同聚焦点需要特别考虑。政策边界的设定涵盖了政府在物流领域的明

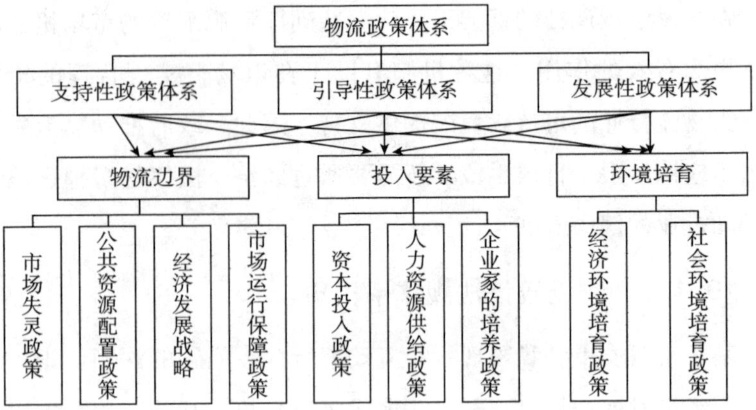

图 10－1　物流政策体系框架

确定位，制定支持性政策和产业发展战略，旨在为物流企业创造有利的经营环境，并强化其竞争优势。投入要素政策则聚焦于提升生产要素的配置效率，通过有针对性的政策引导和促进物流产业的发展，确保资源的合理利用和产业的可持续增长。在环境培育政策方面，着眼于维持竞争优势和创新能力。通过技术创新和信息知识的积极交流，建立诚信的社会和经济环境，为物流产业的持续创新提供有力支持。

针对政策边界、投入要素和环境培育政策，结合现有的具体政策内容，将它们进一步细化为引导性、支持性、发展性政策。就西安市物流产业而言，相对于一些发达地区，其仍然处于初期发展阶段。因此，需要建立完善的物流政策法规体系，根据实际发展态势有针对性地调整政策，逐步完成阶段性发展计划。同时，制度保障工作也至关重要，其可以确保政策的有效执行，促进物流产业的健康发展。

10.2　西安物流产业政策体系主要内容

为了推动现代物流的迅速发展，西安市政府在引导、扶持和协调物流产业方面发挥着至关重要的作用。为了有效贯彻执行物流政策，必须通过制定法律法规来规范行业行为，进而确保政策的顺利执行。因此，西安市政府应当在其职权范围内积极制定相关的物流法规、条例和标准，并加大监督执行力度。

在制定这些法规和标准的过程中，政府需要关注政策边界、投入要素和环境培育等关键因素，以确保物流产业能够在良好的政策环境中发展。同时，政府还需加大力度，完善与物流发展相关的政策边界，确保各项投入要素得到合理配置，并积极培育有利于物流业发展的环境。

为了推动物流产业的健康发展，西安市政府还应当在营造体制环境方面采取积极措施，包括制定鼓励和扶持政策，以确保这些政策与物流产业的发展相适应。最终的目标是建立一个统一、公平竞争、规范有序的物流市场，为现代物流的快速发展创造有利条件。

10. 2. 1 物流边界政策

为了与国家相关政策法规和西安市物流产业发展的特点相适应，有必要对物流边界政策进行全面清理，包括对与市场经济和国际惯例不符的政策的修改、逐步废除与原则不符的地方保护等条款。同时，对现有的物流法律法规进行仔细审查，进行必要的清理、修改、补充和整合，以提高其层级效力、可操作性和透明度。在政策体系的调整中，需要关注市场失灵、公共资源配置、经济发展战略和市场运行保障等方面，以确保相关政策的完备性和协同性。通过这一过程，我们可以建立一个更为符合实际需求的政策框架，使之更好地支持物流产业的发展。

最终的目标是创造一个公平和充满活力的市场和创新系统。这涉及在政策设计中考虑公平竞争的原则，同时激发创新，使市场在公正的原则下能够更好地发挥其作用。这不仅有助于物流行业的健康发展，还能推动经济更可持续增长。因此，对物流边界政策的综合调整是确保物流行业良性发展的重要一步。

（1）市场失灵政策

市场失灵政策是一项由政府制定的公共政策，旨在解决物流市场存在的多方面问题。这些问题涉及公共产品、外部性、垄断和信息不对称等因素，直接影响生产效率和消费者福利。为了有效应对这些挑战，政府制定了一系列有针对性的政策，以确保市场的健康运行。

首先，公共产品供给政策成为关键措施之一。政府通过直接介入，提供公共产品，来填补市场在这方面的不足。这有助于满足社会需求，尤其是市场难以有效供给的公共产品，从而提高整体生产效率。

其次，消除外部性政策是解决市场失灵的重要手段。通过采取措施消除外部性对市场的负面影响，政府努力确保市场活动的社会成本和社会收益能够合理内部化。这有助于优化资源配置，提升消费者福利水平。

在应对垄断情况方面，竞争性政策发挥了关键作用。政府通过监管和促进竞争，致力于维持市场的竞争活力，防止垄断现象对市场产生负面影响，从而保护消费者权益并提高市场效率。

此外，信息透明政策也是市场失灵政策中的重要组成部分。通过加强信息发布和交流，政府促使市场参与者更充分地了解市场情况，减少信息不对称现象。这有助于提高市场的透明度，促使各方更理性地进行决策，从而改善整体市场运行状况。

①公共产品政策。在解决私人生产不足的公共物流基础设施方面，政府采取了公共产品政策，通过战略性投资、补贴和直接供给等手段来推动整个行业的发展。这一政策框架覆盖了多个关键领域，包括物流节点建设、交通基础设施、仓储基础设施和物流信息基础设施等。其主要目标在于规划、布局、建设、使用、维护、管理和运营物流基础设施，以促进整个物流体系的健康发展。具体而言，物流公共产品政策专注于法律法规和行政类政策的制定。为了更好地引导行业发展，建议制定一系列具体法规，如《仓库法》《车站法》《大型物

流网点建设与布局法》，以及《物流基础设施整合法》等。这将有助于填补当前物流政策的漏洞，提高整个物流体系的法治水平。此外，为推动物流设施设备的标准化，建议建立和完善基础性和通用性标准。政府可以支持开发和引进更先进、更适用的物流设备与工具，以适应不断升级的物流需求。在支持政策方面，可采取措施支持低公害物流设备与工具的研发和广泛应用，以推动整个行业向更环保、可持续迈进。这样的政策体系将有助于塑造一个更加高效、创新和可持续的公共物流基础设施体系。

②外部性政策。在外部性政策的框架下，政府旨在引导物流企业发展，减少能源浪费、环境污染和安全风险等负外部效应。与此同时，政府通过鼓励技术创新和知识扩散等手段，努力形成正外部效应。其中，环境保护政策作为具体的政策工具，专注于解决物流活动对环境产生的不良经济影响。这一政策的具体实施包括制定物流设施设备的使用标准、规范物流运作的政策法规等方面。这些政策的目标在于最大限度地降低物流对社会的负面影响，并推动物流行业产生正面影响，从而促进该行业可持续发展。在西安市，这些政策的实施对于实现环保和节能发展目标至关重要。因此，通过综合运用外部性政策中的关键词，可以构建一个有利于物流行业和社会可持续发展的政策框架。

③维持竞争政策。政府致力于通过维持竞争性政策应对市场中的垄断和非竞争行为，以防止市场失灵，提升市场竞争力，并维护市场的活力。在现代物流市场中，物流法律法规被认为是良好物流秩序的基本保障。我国目前主要通过两大政策手段来维护物流市场的竞争环境：一是依托《反不正当竞争法》等法律工具，打击各种不正当竞争行为；二是通过反垄断等法律手段促进良性竞争的发展。

然而，在规范物流竞争和进行宏观调控的政策法规方面，存在一些问题需要解决。现有法规在一定程度上显得过于陈旧，已无法满足新的市场需求，同时存在一些制度上的空白。因此，建议在现有法律法规基础上，充分考虑物流市场的特点，制定更为全面的宏观调控法规和竞争法规，以确保物流企业和整个物流市场能够健康、合理、有序发展。政府在制定这些法规时应当对市场进行更加深入的了解，以有效应对不断变化的市场环境，促进物流行业的可持续发展。

④信息透明政策。通过引入信息透明政策，可以有效解决物流市场中信息不对称导致的资源配置效率低下和市场失灵的问题。我国的物流市场一直存在较为显著的市场效率损失，主要原因为缺乏全面的企业信用评价体系。企业既缺少关于市场、消费者、竞争对手和技术发展趋势的全面信息，又缺少关于物流产业或供应链参与者的建议和咨询报告。在这种情况下，信息透明政策的实施显得尤为重要。该政策将促进技术预测、战略市场信息和战略集群等方面的研究、发布和交流。通过提高物流市场的信息透明度，企业能够更好地获取关键信息，从而更准确地进行资源配置，进而优化市场运作。这有助于推动市场向更加高效和健康发展，减少市场效率损失。综上所述，信息透明政策的落实不仅有助于解决物流市场中的信息不对称问题，还能够推动市场发展，提高市场效率，为整个经济系统带来更多的利益。

（2）公共资源配置政策

公共资源，包括社会资源、自然资源和行政资源，在社会生产和生活中扮演着至关重要的角色。社会资源涉及基础性、先导性和公用性的资源，其配置政策包括特许经营权等，涉及供水、供气、供热、公共交通、污水或垃圾处理等领域。自然资源涵盖土地、矿藏、水流、森林、山岭、荒地、海域、滩涂等，其配置政策包括经营性土地使用权和采矿权等。行政资源主要源于政府履行经济调节、市场监管、社会管理和公共服务职能，其配置政策包括户外广告设置权、公交线路经营权和网吧经营权等。这些资源及其政策的合理配置对社会经济的发展和公共服务的提供至关重要。

西安市物流产业正处于发展调整阶段，这一阶段的关键在于善用社会资源和自然资源，以加速推动产业转型升级。在这个过程中，政府的角色至关重要，其需要制定有针对性的政策来支持和引导物流产业的快速发展。物流产业的复合性是当前发展面临的主要挑战，它涉及多个领域，包括商务、交通、铁道、民航、邮政、海关、质检、信息、财政、金融、税收、国土、公安等多个部门。由于管理分散和多部门管理问题，导致公共行政资源的配置出现不合理的情况，影响了物流产业的整体效率和协同发展。为了解决这一问题，政府应当根据物流产业的特点，制定更为协调的政策和机制。在这个过程中，可以由国家发展改革委等综合部门主导，各相关部门共同参与，形成协调会议制度，以解决物流产业发展中的重大问题，增强政策的协调性和衔接性，促进现代物流的全面发展。

此外，为了进一步推动物流产业的发展，政府需要打破行政隶属和所有制的限制。通过强调系统整合的理念，促使隶属和所有制不同的物流资源更加有效地整合，从而实现资源的优化配置和更高效的产业运作。这将有助于推动西安市物流产业的健康发展，提升整个城市物流体系的竞争力。

（3）经济发展战略

经济发展战略是指国家为实现产业结构合理调整而制定的产业政策和法规，包括产业扶持和产业调整两大方面。在产业扶持政策中，重点在于扶植和培育新兴产业，如现代物流业，以提供积极的保护和帮助。与此相对，产业调整政策则注重引导传统产业（如传统物流业）尽快完成向现代产业的转型，以确保整体产业结构的协调发展。这一经济发展战略的制定涉及多个层面，包括产业政策的制定和法规的制定，以便更全面、系统地推动经济结构的合理调整。

①产业扶持政策。在全球范围内，各国都致力于推动经济发展，特别是通过采用扶持性政策来促进战略性新兴产业的繁荣。在这一背景下，制定明智的战略规划以及建立与之相适应的产业扶持政策成为实现现代物流产业健康、快速发展的关键措施。这不仅在我国得到了充分体现，而且在世界各国也成为经济取得成功的基本保障。

首先，为推动现代物流产业的繁荣发展，政府需要刻不容缓地增加财政投入，以支持这一关键领域的全面提升。当前，现代物流不仅是经济增长的新引擎，更被视为未来产业发展的前沿方向。为缩小与发达国家之间的差距，加速现代物流产业的发展步伐势在必行。为实现这一目标，政府在制定政策时应当积极采取多元化手段，包括鼓励企业和民间资金更积极地参与现代物流产业的投资。此外，为了吸引更多资源流入该领域，政府还需提供更宽松的市场准入条件和降低融资的难度，同时制定激励性的税收政策。在土地使用方面，政府应当有针对性地倾斜政策，为物流配送中心的建设提供更多支持，为其提供发展空间。同时，将相关的优惠政策法律化是非常必要的，以确保政策的持续性和可行性，为物流企业提供法律上的保障，从而维护其利益。以上一系列关键词的有机组合，可以更充分、全面地表达对政府在现代物流产业发展方面采取积极政策和行动的迫切呼吁。这将为营造一个稳定、可持续的发展环境，推动现代物流产业的蓬勃发展提供有力支持。

其次，现代物流业在涉及交通、铁道、民航等多个部门时，必须遵守各个部门规定，这使实现统一变得异常复杂。企业若选择不同的运输方式，就必须向多个审批单位提交申请，这样的多层次审批流程明显提升了运输业务的烦琐性，难以满足现代国际物流企业对高效通关的迫切需求，从而影响了其运营效率。多式联运作为一种整合多种运输方式的手段，受到一系列限制，这影响了物流的连贯服务，从而导致运输服务质量下降。企业往往难以充分发挥多式联运的优势，因为相关规定和审批程序限制了其应用范围和效果。总体而言，现代物流业面临的种种挑战导致了整体物流成本的上升。烦琐的程序和复杂的审批流程使企业难以有效地降低物流成本，这进一步制约了行业的发展和效益的提升。

相关产业扶持政策和清晰的物流企业定义对于物流行业的发展至关重要。确定物流相关主管部门以及简化批准程序有助于提高行业的运营效率。对物流企业纳税项目的明晰和避免重复征税的措施有助于降低企业负担，促进行业健康发展。实施通关全天候工作和提高通关速度可以提高物流效率，对整个产业有积极影响。各种运输形式的管理规定应当有利于物流的畅通运行，确保各种运输方式协调有序。

②产业调整政策。由于我国现代物流业起步较晚，许多物流企业仍专注于传统的物流模式。面对这一现状，急需通过政策法律手段推动这些传统物流企业进行现代化转型，以适应当今日益复杂和高效的市场，这是一个亟待解决的问题。

在选择进行现代化转型以及考虑何时完成这一关键性变革时，企业有经营自主权，这意味着转变时机应当由企业自主决定，政府原则上不应过多干涉。然而，考虑到现代物流业作为朝阳产业对国计民生具有重要战略意义，政府在这一领域应采取积极有效的法规政策，以引导传统物流企业的现代化转型，使其适应社会经济发展的迫切需求。为了实现这一目标，政府可以通过宏观经济政策和相关的立法引导、制定市场准入清单和技术标准、规范企业名称的使用等手段，确保市场有序竞争，避免恶性竞争的发生。这种干预的目的是促使传统物流企业更早地实现向现代物流企业的转型，从而推动整个物流产业的升级，使其更好地适应当今复杂和高效的市场。

(4) 市场运行保障政策

在当代经济社会中，政府在经济领域的主要职能之一是建立有利于市场平稳而富有活力运行的框架条件。这包括制定一系列旨在保障市场运作的政策体系，涵盖基础性政策、市场准入政策、物流环节政策、物流标准、组织政策、口岸政策、供货和销售政策以及市场政策等。这一政策框架的制定旨在确保市场能够有效运转，为经济体系的健康发展提供支持。

①基础性政策。在物流领域，物流基础性政策法规扮演着规范各类物流经营主体行为的关键角色。这些法规涉及物流行为，并由一系列法律规范构成，包括但不限于《中华人民共和国民法典》《海商

法》《保险法》等。目前，与我国物流行为相关的法律相对较为稀缺，主要由效力较低的行政法规、规章以及地方性法规组成，而其中一些规定已经无法适应物流发展的新形势。尽管《中华人民共和国民法典》《海商法》《保险法》等法律文件对物流产业有一定程度的调整作用，但由于法律体系相对散乱，给物流主体的合规遵守和适用带来了一些不便。因此，为了更好地适应物流行业的发展需求，建议西安市在充分考虑物流特点的基础上，制定更为全面的政策规范，以调整和规范物流经营主体的交易行为。这样的政策规范将有助于建立一个更为统一和完善的法律框架，从而促进物流业的健康有序发展。西安市可以通过调整相关政策，规范物流主体的行为，确保物流交易行为更加合理、公正，为物流业的可持续发展创造更有利的法律环境。

②市场准入政策。市场准入政策扮演着确保物流主体资格明确、物流主体权利义务清晰，以及物流企业进入与退出规制明确的法律规范的关键角色，对于维持市场活力具有不可忽视的保障作用。当前，我国物流交通运输行业亟须在确保实施国家物流业发展方针、政策、规划的前提下，积极展开对现有法律法规的清理和调整。这一过程包括废除与现代物流业发展不相适应的政策和法规，建立新的、与物流业发展相配套的政策法规体系。

在行业市场准入、行业经济秩序、行业管理方式等方面，应当体现对现代物流业发展的积极推进和对行业管理与市场监督需求的关切。只有这样，我们才能促使行业实现健康有序的发展，确保市场中的物流法人，无论是《公司法》下的企业，还是《合伙企业法》《外商投资法》下的实体，在法规框架内都能健康发展。这也有助于行业在国家物流业发展方针的指导下，更好地融入现代物流业发展的大局，激发市场的活力和促进经济的可持续增长。

第一，适当放宽物流业的市场准入管制。在确保物流业安全、规范发展的基础上，建议在市场准入方面进行适度的调整，特别是要取消那些对行业技术进步、企业规模化和网络化经营产生不必要阻碍的审批项目。为促进物流企业规模化和市场化发展，有必要审慎审视现行的行业保护举措，清理相关审批规定，并更加灵活地制定市场准入政策，以提升西安市物流企业的竞争力。全面推动物流企业向社会化和专业化发展，有助于推动整个行业朝着更为健康、创新的方向迈进。

第二，根据现代物流业的特点，改革物流企业设立的管理模式。良好的物流准入制度是确保西安市物流企业健康发展的必然要求。在我国，设立物流企业除需要遵守《公司法》《合伙企业法》等法律规范外，还必须按照各级政府部门颁发的经营许可证的要求进行申请。与国外以登记制为主不同，我国更倾向于审批制度，其中主管部门在行政自由裁量权方面具有较大的权力。物流政策法规的关键在于建立健全的准入制度，以促进物流企业的良性发展。准入制度的实质性和程序性要件，是西安市物流企业设立的重要法定条件。这种制度有助于引入或培育有实力的物流企业，同时能够限制那些不具备物流经营条件的企业的不正当竞争。在全球范围内，运输企业的设立管理模式主要分为登记制和审批制。登记制着重于企业自身要求，只要符合法律法规的实质性和程序性要件，就允许企业设立；而审批制更注重政府对企业的宏观管理，为确保物流业的有序发展提供了更多的政策法规支持。物流企业在制定经营策略时，应当充分考虑准入制度对竞争的限制，并根据不同的管理模式进行相应的运营规划，以实现良性的市场竞争和可持续发展。

根据国际运输业发展趋势，日本货代业和航运业正经历政府法律制度和商业操作方面的变革。在相关部门的监管下，加拿大运输业也在逐步调整其海运业务的管理模式。当前，私人经营在国际运输领域中占据着重要地位。随着政府管理体制改革的推进，企业的自主性将逐渐增强。在诸多国家中，运输企业审批制度面临着变革的压力，中国集装箱运输市场已经在资格登记制和经营行为备案制方面取得了实质性进展。这种制度为国际集装箱经营者提供了更为便利的条件和宽松的经营环境，逐渐成为国际运输公司管理的最佳模式。这表明，在未来，各国政府对企业的干预将逐渐减少，转而以更灵活的登记制度来促进行业的健康发展。考虑到这一趋势，对于西安市物流企业而言，改革现有的运输企业设立的审批制度至关重要。西安市可借鉴中国集装箱运输市场的经验，在具体情况下限制和压缩主管部门的行政自由裁量权，推动制定以法规为主的物流市场准入制度。这将有助于促进良性竞争，为西安市物流业的健康发展提供有力支持。

第三，第三方物流行为主体政策。在当今新经济环境下，第三方物流已经成为社会化和专业化的先进物流服务形式，为了实现更快、更好的发展，我国物流研究专家普遍认为，要将发展第三方物流作为21世纪的主要目标。在企业与物流服务提供商的合作中，传统物流服务项目的限制性日益减弱，而建立长期的战略合作伙伴关系变得越发重要，以实现双方的共同利益。因此，第三方物流服务合同与传统的统一物流合同存在多方面、多角度的区别。现代物流已经超越了简单的代理、运输、仓储、保管等服务协议的签订，而是提供整体解决方案，通过全流程管理设计，解决企业的各种疑难问题，以达到简化程序、降低成本、提高管理水平、增加经济效益和提升市场竞争能力的效果。第三方物流服务合同涵盖的环节众多、时间较长，要求相当复杂，包括承揽合同、技术合同、委托合同、行纪合同、居间合同、保管合同、仓储合同、运输合同等多方面内容，形成了一种新型而复杂的合同形式。因此，为了推动第三方物流企业的专业化发展，西安市政府应根据当前第三方物流企业的发展状况，制定相应的规范措施，以规范和引导第三方物流企业的行为，促进物流行业的专业化发展。

③物流环节政策。物流环节政策为物流政策体系的核心和主体。尽管我国已在运输、仓储、装卸搬运、包装、物流信息等方面颁布了相应的政策和法规，但由于物流横跨多个行业，覆盖范围广泛，政策法规方面仍存在空白和不足。这主要体现在各个环节之间的衔接性不

够强，尤其是在不同交通方式下的多式联运存在挑战等方面。为了解决这一问题，建议西安市在我国现有物流环节的政策法规基础上，着重制定具有衔接性的政策，特别关注绿色运输和包装等方面的规范，以推动物流效率的提升和成本的降低，从而推动综合化和专业化物流的发展。

④物流标准。标准化的核心概念在于确保系统内部以及系统与系统之间的软件口径和硬件模式协同工作，从而促使系统功能和各要素之间实现有效衔接和协调发展。在物流领域，物流标准化不仅包括内部设施、机械设备、专用工具等各个分系统的技术标准，而且旨在实现技术标准与工作标准的协同一致。物流标准化主要分为软件标准和硬件标准两大类，其中软件标准涵盖了用语统一、单位标准化、钱票收据标准化、应用条码标准化和包装尺寸标准化等方面。这些软件标准的制定旨在确保在物流过程中使用的术语、计量单位、财务文件以及标识技术都能够达到一致和标准化的要求，以促进信息流畅、高效。硬件标准包括托盘标准化、集装箱标准化、叉车标准化、拖车载重量标准化、保管设施标准化以及其他物流设备标准化等内容。这些硬件标准的制定旨在确保物流设备的设计、规格和性能符合一致的标准，从而提高设备的操作性和效能，促使整个物流系统更加协调，实现高效运作。

我国正在积极推动物流标准化的进程，旨在使其符合国际物流标准的要求。在这一过程中，需要特别关注并制定一些关键领域的基础标准，包括物流术语、计量标准、技术标准、数据传输标准、物流作业和服务标准等。为实现这一目标，建议建立一个全面的标准体系，该体系应涵盖基础、安全、卫生、环保和贸易等多个方面的标准。对于与国际标准相符的基础标准，应加强梳理和修订，确保其与国际接轨。此外，在技术标准方面，可以参考国际物流基础标准，并根据相关行业技术标准进行制定和推广。需要重点关注托盘、集装箱、物流搬运、装卸设施等通用性强的物流设备，通过全面的修订和完善，确保其符合相关法律规范体系。在整个标准化进程中，强调与国际标准的一致性，以确保我国的物流标准在国际舞台上得到广泛认可。这一举措将有助于提高我国物流行业的国际竞争力，促进全球物流合作与发展。

⑤组织政策。现代物流企业是指那些提供从原材料到消费地的运输、储存、装卸、包装、流通加工、配送、信息处理等一体化物流服务解决方案的企业，其是整个物流活动中的主要法律主体。然而，在我国法律框架中，对于现代物流企业的明确定义尚不够清晰，这使得企业在市场准入时可能面临一些困扰。为了促进现代物流企业的健康发展，未来的立法工作需要在确保国家物流业发展方针的前提下，对现有法规进行清理、调整，以建立新的与物流业发展相配套的法规体系。这一法规体系的建立应涵盖市场准入、行业经济秩序和行业管理政策等方面的内容，以更好地支持现代物流业的发展。在市场准入方面，法规应当以开放的态度，为物流企业提供更为顺畅的进入市场的途径，同时通过合理的监管机制确保市场秩序的稳定。行业经济秩序的维护也是至关重要的，法规需要明确规范各类参与主体的行为，以防止不正当竞争和市场混乱。此外，行业管理政策也需要进一步强化，以确保现代物流企业在经营过程中能够遵守法规，提供高质量的服务。市场监督方面也不可忽视，相关法规应当设定有效的监测和惩罚机制，以便及时发现和处理不法行为，维护整个市场的公平竞争环境。

随着市场经济的深入发展，人们逐渐认识到微观市场主体和宏观国家管理者之间存在社会力量作为桥梁的重要性。这些社会力量主要以行业协会的形式呈现。在这一背景下，政府逐步松绑和减轻负担，并积极主动地引导、鼓励行业协会组织的建设，旨在实现创造良好市场竞争环境的目标。为了培育中国的物流行业协会，有两个主要方面需要特别关注。首先，需要推动商业、物资、运输、外贸等行业协会中各物流专业委员会之间的协作，鼓励它们形成紧密联盟，尽快建立全国性的物流行业组织。其次，可以借鉴欧盟的先进做法，赋予协会一定的职责和权力，使其在物流行业标准、物流企业法规、从业人员资格认证等方面发挥更为积极的作用。通过这些努力，逐步确立物流行业协会的地位，使其充分发挥作用，为物流行业的规范化和健康发展提供有力支持。

⑥口岸政策。随着我国改革开放的不断深入，对外贸易规模逐年扩大，推动了国际物流领域的迅猛发展，形成了复杂而多层次的口岸管理和全面的外贸物流政策体系。然而，随着现代物流业不断演进，其独特的发展特点日益凸显，现有法规有时难以完全适应其迅猛发展的需求。为了提高国际物流效率，刻不容缓的任务是在现有政策的基础上对其进行修订和完善。需要充分考虑现代物流的特殊要求，遵守国际公约的规范和借鉴发达国家的成功经验，特别是对通关政策、海事运输政策、检验检疫政策等进行有针对性的改革。这样的调整不仅有助于适应国际物流市场的变化，也有助于在全球范围内营造公平竞争的环境。在这一过程中，我们应该谨慎审视各项法规的适用性，确保其与现代物流业的发展趋势相一致。通过深入研究国际物流市场的变化，可以更加科学地修订政策，以促进我国物流业的进一步健康发展，为维护公平竞争环境奠定坚实基础。

⑦供货和销售政策。《对外贸易法》《产品质量法》《进出口商品检验法》等是我国国内和国际贸易领域的法律规范。然而，随着现代物流行业的兴起，这一新兴领域呈现出自身的发展特点。当前的法规框架并未充分涵盖或明确规范物流交易方面的内容。因此，本书认为西安市有必要制定相关的政策法规，以规范和引导物流行业的运作，提升商品流通效率。在物流领域，现代社会对货物的运输、仓储、配送等环节提出了更高的要求。然而，由于法规的滞后性，物流交易往往缺乏明确的法律指引，可能导致一些纠纷和混乱。因此，制定专门的物流法规明确各类物流行为的合法性、规范性十分迫切。

西安市可以通过制定相关政策法规，明确物流企业的经营行为规范，包括但不限于运输安全、货物仓储管理、信息披露等方面的规定，以确保物流行业的有序运作。此外，还可以规定物流从业人员的资质要求和行业准入标准，提高从业人员的专业素养，保障服务质量。通过制定物流法规，西安市有望促进物流行业的规范发展，提高商品流通的效率，推动经济的可持续增长。这样的法规体系将有助于确保物流活动的合法性和公平性，为市场主体提供明确的法律保障，同时有助于推动物流行业的技术创新和升级，适应经济发展的新需求。

⑧市场政策。市场政策涵盖了多个方面，主要包括综合运输政策、仓储政策、物流企业分类政策、物流市场监管政策以及物流行业自律政策等。这些政策的制定采取了以法律和法规为主导的形式，同时辅以必要的行政类政策。这一综合的政策框架旨在改善物流运作的市场环境，推动物流市场有序协调发展。首先，综合运输政策涉及多种运输方式的协同发展，通过制定相应的法规和法律，以及行政政策的引导，促使不同运输方式之间形成有机的衔接，提高物流运输效率，降低成本，推动整体物流体系的优化。其次，仓储政策专注于仓储设施的规范建设和管理。相关法规和法律的制定旨在规范仓储业务，确保货物储存的安全性和有效性，同时行政政策的支持可以鼓励仓储企业采用先进技术，提升仓储效率。物流企业分类政策则是为了针对不同类型的物流企业实施差异化的管理和监管。相关法规和法律对不同规模、性质的物流企业进行分类，并为其提供相应的政策支持，以促进行业内企业的多层次发展。物流市场监管政策主要通过法规和法律的制定，建立健全物流市场的监管机制，防范市场不正当竞争和乱象，保障市场的公平、透明和有序运行。物流行业自律政策强调行业内主体自律的重要性。相关法规和法律鼓励物流行业协会和组织制定行业规范，加强自律管理，提升从业人员的职业素养，推动整个行业朝着良性发展的方向迈进。

总体而言，市场政策的制定旨在营造一个健康、有序、高效的物流市场环境，促进物流行业的可持续协调发展，为经济社会提供更加便捷、安全、高效的物流服务。

10.2.2 投入要素政策

投入要素政策是指制定和实施一系列政策措施，以影响物流生产要素的配置效率，从而直接影响物流企业的生产能力和是否形成生产成本优势。这类政策的制定与实施对于物流行业的可持续发展和竞争力的提升至关重要。具体而言，投入要素政策主要涵盖资本投入政策、人力资源供给政策以及企业家的培养政策。

（1）资本投入政策

资本投入政策是通过设立相关法规和政策，以鼓励资本向物流行业投入，促进企业更新换代、提升技术水平。政府可以采取税收优惠、金融支持等手段，吸引更多资本进入物流领域，从而推动行业的现代化转型和产能提升。

资本投入政策所涉及的融资政策是指充分利用金融机构在支持现代物流企业发展中的调节作用。其关键目标在于降低物流企业的融资成本，为其在境内外资本市场融资或筹集资金提供支持，从而助力实现物流企业做大做强的愿望，形成社会化和专业化的物流格局。这一政策的动力源自促进物流产业结构的升级和竞争力的提高。物流金融的繁荣需要建立健全的法律法规体系、培育良好的信用环境，以及发展完善的资本市场。在缺乏这些基础条件的情况下，物流金融的发展将面临重重困难。因此，推动物流金融的多元化，包括完善相关环境条件，是实现物流产业可持续发展的关键战略。

（2）人力资源供给政策

人力资源供给政策专注于为物流行业提供高素质、适应性强的人才。政府可以通过教育培训政策、人才引进政策等手段，提高物流从业人员的专业素养，推动物流企业内部人才的培养和引进，以适应日益复杂多变的市场。

现代物流的进一步发展迫切需要具备深厚物流理论知识和精湛物流运作技术技能的专业人才。为满足企业对各层次物流人才的紧迫需求，物流人力资源供给政策应该通过三个方面的关键措施来实施。首先，加速培养在物流服务方案设计、物流管理、客户管理以及信息系统开发与维护等领域具备专业技能的物流专业人才。其次，切实加强在职培训，通过多样化的方式和渠道，包括但不限于短期培训、实地考察、跟踪实践等，培养适应市场需求的物流管理人才。最后，倡导学历教育与实践教育相结合，鼓励高等院校在提供物流本科、硕士和博士等多层次专业教育的同时，密切关注社会实际物流需求，确保培养出符合行业要求的专业人才。

（3）企业家的培养政策

企业家的培养政策着眼于培养具有创新精神和经营管理能力的企业家。通过相关法规和支持政策，政府可以鼓励和支持物流企业家的培训和发展，推动企业家在物流领域积极创业和创新，从而促进整个行业的可持续发展。

企业家被视为一项珍贵的资源，按照熊彼特的理论，他们在创造和引进新的生产方法、产品、组织形式以及开辟新市场等方面发挥着不可替代的作用，成为企业生存和发展的至关重要的影响因素。在我国现代物流刚起步的时期，急需大量具备新思维、创新能力的物流企业家，以推动该行业不断向前发展。因此，制定并实施相关政策和机制，积极投入资源培养物流企业家，已成为推动物流行业蓬勃发展的紧迫任务。

10.2.3 环境培育政策

环境培育旨在为物流产业的健康发展创造一个稳定而可预测的经济和社会环境，为物流企业搭建一个公平、自由竞争的市场。环境培育政策主要分为两大类，一是经济环境培育政策，二是社会环境培育政策。

（1）经济环境培育政策

经济环境对于组织，尤其是企业活动具有至关重要的影响。这一影响涵盖了微观和宏观两个方面，其中宏观经济环境关注国家整体的人口状况和国民总收入等关键指标。在一个良好的宏观经济环境中，企业能够充分享受到充足的劳动力、市场需求和发展机遇。相反，在衰退的宏观经济环境下，企业可能面临生存和发展的困境。微观经济环境则聚焦于企业所在区域的具体情况，包括消费者收入水平、偏好和就业程度等方面。这些因素是物流企业生存和发展的基础，直接影响其在市场中的竞争力。因此，良好的经济环境对于企业长期的健康发展至关重要。在不同的经济环境中，企业需要灵活调整战略，把握市场机遇，以确保在竞争激烈的商业环境中取得成功。

现代物流在生产性和消费性服务中扮演着至关重要的角色，与生产企业和消费企业形成了共生关系。物流外包和服务质量直接影响了现代物流的生存状况。为了促进现代物流的健康发展，政策应当积极支持工商企业参与物流外包，并引导它们整合物流资源，以提升服务质量。在这一背景下，工商企业与物流活动的共生程度至关重要，需要避免机会主义行为。社会化和专业化水平的提高，以及工商企业核心竞争力的加强，是现代物流发展的基石。因此，政策制定者应当注重制定政策，鼓励工商企业在物流管理方面进行优化，以扩大物流市场的社会化需求。为了推动物流管理的改革，各级行业主管部门应积极支持企业进行业务流程再造、资产重组、组织结构变革和技术改造等。同时，对于运输企业、仓储企业、货代企业和商贸批零企业，政策鼓励它们拓展物流服务范围，甚至向第三方物流企业发展。在资产重组方面，国有物流企业或国有企业剥离的物流资产和人员可通过兼并、收购等手段实现更大范围的发展。国家有关企业兼并破产的政策将为这一过程提供有力的支持，促使形成大型社会化、专业化物流企业。这样的发展方向将有助于提高整个物流行业的效益和竞争力。

（2）社会环境培育政策

社会环境涵盖了组织生存所需的居住、生产、交通、文化和技术等方面的因素，是企业运作所依赖的外部环境。社会环境的培育因素包括社会保障法、快速通关政策、金融环境、税收政策、交通政策以及技术政策等方面的内容。

①社会保障法。社会保障法是规范国家、物流主体以及劳动者、消费者之间关系的法律规定。当前，在我国已经制定了《中华人民共和国劳动法》《消费者权益保护法》等一系列法律的基础上，将进一步加大对社会保障领域的法律立法和执法力度。这意味着未来将有更多法规出台，旨在维护社会各界的权益，构建更加公平和可持续的社会保障体系。

②快速通关政策。在推动“提前报关、快速分流、实货放行”快速通关模式的基础上，海关应巩固并完善该模式，同时推动实施“全天候、无假日”的预约通关制度。对于享受便捷通关政策的重点出口企业，海关应给予积极支持，确保它们能够充分受益于便捷通关政策。对于符合条件的加工贸易企业，海关应积极支持并实现联网监管。对于国际物流业务量大的物流企业，鼓励其提出设置海关监管点、监管堆场和监管仓库的申请，并在审批时优先考虑。在检验检疫方面，海关应采用电子申报、电子转单、EDI 网监管等方式，以提高检验检疫的速度。同时，推行 24 小时无假日预约服务，实行特事特办、急事急办、难事帮办。为了加强对物流企业的管理，海关可以根据企业的出口量和出口商品检验合格率实施分类管理和监管模式转换，并强化整个过程的控制。对于不易腐变的货物，可以适度降低出口查验频率。对于符合“绿色通道”条件的企业，在口岸时可实现无查验直通放行。对于入境的经卫生检疫除害处理、符合检疫要求的集装箱船，可以在办理进口手续的同时办理出口手续，除非有特殊情况，否则无须进行开箱检查。通过这些措施，海关可以进一步优化通关流程，提高通关效率，为企业提供更便捷的贸易环境。

在边检方面，对于入港的国际航行船舶以及那些提前完成预检手续的船只，一旦抵达港口，可迅速进行上下人员、装卸货物及其他物品的处理。进入我国口岸的国际航行船舶必须立即办理正式检查手续。为了便于生产，建议中外籍船舶或其代理人在登轮办理出入境手续时提前申请，坚持采取“服务到船边”的方式。对于即将离港的国际航行船舶，可在离港前 4 小时内提出出口岸手续的申请，以确保船舶的快速出口岸。对于已经规定了航线、船员或定期运营的船舶，在经过边检部门的考核并评定信誉等级后，将享受在办理边检手续时的优惠政策和便利措施。我们鼓励海关、国检、代理、报关公司和场站等相关部门实现“一站式”联合办公和“一条龙”链式服务，同时积极协调解决跨省、跨地区的转通关问题，以减少通关时间，降低通关成本。

③金融环境。在国债贴息资金项目中，提倡积极推进现代物流项目，特别是在技改贴息项目中给予适度支持。关注物流园区、物流中心、物流信息平台等基础项目建设，并着眼于对现代物流企业进行技术改造，以加速培养具有国际竞争力的大型物流企业集团。为促进物流行业的繁荣，鼓励金融部门在独立审贷的基础上向符合条件的物流企业提供贷款。同时，支持合格的物流企业通过资本市场融资，包括股票、证券等方式。此外，鼓励外资和民间资本参与物流设施建设和物流相关业务经营。还应鼓励国内物流企业与国外物流企业展开合资、合作或建立联盟，引进国外先进的物流管理技术、人才和资金，以提升企业的供应能力和服务质量，快速扩大经营范围，迅速融入国际物流服务系统。

从目前的情况来看，陕西自贸区在物流供给能力方面存在短缺。为了改善这一状况，有必要增加物流固定资产投资和自投资。通过合理规划物流产业投资，更好地满足不断增长的物流需求。在进行物流产业投资时，需要有针对性地查找限制物流供给能力的因素，并根据不同问题制定相应的投资方案。此外，物流产业投资还应注重评估运作效率和资源产出比，以确保投入与回报的平衡。在这一基础上，建议加强对外投资促进体系的建设，包括建立由政府管理的境外投资项目的优化服务备案机制。在构建备案机制时，要注重方便和高效，同时尽量完善管理体制和服务质量。考虑到信息传递的便捷性，可以通过建立信息共享平台来辅助配合各项措施。

④税收政策。为适应现代物流服务业的新兴形态和多元经营类别，税收政策应该精准定位。根据物流企业的细分，建立全新的税收框架，以完善税收管理体系，确保为物流企业提供公正的竞争环境。通过差异化的税收政策，有助于激发不同类型物流企业的发展潜力，促使整个行业朝着更加健康、平衡的方向发展。这一税收体系的完善将有助于提升物流企业的经营效益，推动其在竞争激烈的市场中更好地实现可持续增长。

⑤交通政策。优化城市物流配送车辆的交通管理是当前的重要任务。为适应物流配送业务的快速发展，城市公安交通管理部门应当相应地调整城区内配送车辆的许可管理政策，放宽相关审批要求，以尽量提供更便捷的城区通行和停靠条件。

此外，为促进国内铁路、公路、水运、航空运输代理和联运业务的顺利开展，相关部门应该简化相关审批程序，并在物流企业申报国际货代业务时提供支持并积极配合。各行业主管部门在处理物流企业的相关业务申请时，也应简化手续，提高办事效率，以营造更加便利和高效的营商环境。

⑥技术政策。基于西安市现行的物流设施分布不均、结构不平衡以及数量不足的状况，物流设施供给政策应采取政府战略性投资的方式，以增强对物流基础设施的供给。与此同时，政府可通过投资和优惠政策，鼓励企业采用先进的物流技术和设备。此外，也应推动“产学研”的合作，促使企业积极采纳新的物流理念、技术和方法，加快新理论和技术的研究和推广，并制定相应的标准，以期实现更为广泛的发展。

11

陕西自贸区物流系统的协同运作

11.1 物流系统协同运作现状

11.1.1 缺乏有效的物流产业管理机制

陕西自贸区的物流业管理体制牵涉到铁路、公路、航空、工商、储运等多个物流资源，而这些资源分别由各自独立的管理部门进行监管。这使得物流资源的管理权限分散，缺乏一个专门的机构或部门进行系统而综合的物流管理。各物流相关部门之间缺乏足够的横向调节和沟通交流，未能有效整合和协同利用物流资源。这种分散的管理结构不仅妨碍了对区域物流的整体规划，也对物流产业的市场化进程产生了不利的影响。因此，为了更好地促进物流资源的高效利用，有必要调整和优化管理体制，建立更加协同和整合的物流管理机构，以推动区域物流的健康发展。

解决这一问题的关键在于优化物流资源的管理体制。亟须成立一个新的物流管理部门，以及相关园区管理部门，这些部门应该与重点物流企业共同合作，完善陕西自贸区物流业的协调管理体制。通过建立更为集中和专业的管理机构，提高管理效率，减少资源浪费，并促进物流产业的市场化发展。这一举措将有助于加强各个物流相关部门之间的沟通与协调，实现物流资源的更好整合和优化利用，从而推动整个物流产业朝着更加健康和可持续的方向发展。

11.1.2 物流业部门、条块、区域分割现象仍然较为严重

运输、仓储、保税物流等领域各自构建了独立的体系，导致物流企业进入门槛相对较低。然而，在这种格局下，各企业之间资源整合和合作不足，物流业未能形成一个紧密有机的整体。受到企业和区域分割的体制和机制的影响，发展一体化的综合物流服务业变得困难，多主体之间资源和信息的共享、集成以及高效运作都难以实现。

这种分割的体系导致了物流领域的碎片化，企业往往只在各自领域专注发展，而无法发挥协同效应。由于缺乏有效的合作机制，各环节之间存在信息孤岛，资源配置不够灵活，难以满足市场对高效物流服务的需求。

为了解决这一问题，需要在体制和机制上进行调整，推动各物流主体之间的合作与整合。建立跨领域的协同机制，促进资源的共享和高效利用，打破现有的隔阂，推动全社会物流向更为协同、高效的方向发展。这不仅有助于提升物流服务水平，还能为企业和整个社会创造更大的经济效益。

11.1.3 没有形成现代化物流产业集群

陕西物流企业面临一系列挑战，包括规模小、运作水平低的普遍问题，以及缺乏先进设备和信息化作业的现状。这些企业专注于提供运输和仓储服务，采用传统而原始的服务方式。在现代物流运营活动中，陕西物流企业面临附加值服务和专业水平较高服务的缺乏，如流通加工、物流增值服务和物流信息服务等。尤其在高层次的物流服务领域，如行业物流服务方案设计和一体化物流服务，目前尚处于发展的初级阶段。因此，陕西物流企业需要积极应对这些问题，以提升自身在物流行业中的竞争力。

11.1.4 物流基地硬件资源利用效率不高

物流园区在部分建成或在建的过程中，有一些问题需要关注。其中，关键问题包括目标定位、发展战略定位、功能定位、服务对象定位以及园区入驻企业运营管理等。这些关键问题反映了园区在规划和执行阶段的一些短板。在这些物流园区中，未能明确和有效解决上述问题，导致项目无法充分发挥硬件平台的资源效应、规模效应和高附加值经济效应等。

特别是在园区入驻企业运营管理方面，存在不足之处。缺乏明确的目标定位和发展战略定位，使得园区未能在建设后及时应对相关挑战。这影响了项目的综合运营效益和竞争力。另外，软件管理组织的建立和发展也表现出较为欠缺的情况，这进一步削弱了园区的整体管理水平。

因此，为了提高物流园区的竞争力和综合运营效益，有必要加强对这些园区的规划和管理。通过明确目标定位、发展战略定位、功能定位和服务对象定位，以及加强园区入驻企业运营管理，可以更好地发挥硬件平台的资源效应、规模效应和高附加值经济效应等。此外，加强软件管理组织的建设也是关键的一步，可确保园区在信息化和数字化方面更好地应对挑战，提升整体管理水平。

11.2 政府部门的协同运作

11.2.1 政府内部相关部门之间的协同

为了改善物流业的发展体制和市场环境，建议设立物流局等部门，以解决以往存在的跨部门协调难题。这一举措的核心是通过改善体制，推动市场环境的积极变革。物流局等部门将在公路、铁路、海关等物流相关职能部门间发挥协调引导作用，促进它们实现更紧密的协同运作，以推动多式联运和大通关模式的全面实施。

在具体实践中，尤其需要集中精力发挥铁路、公路、航空口岸的查验职能，利用先进技术手段提升全程监管效率，简化查验流程，以及完善口岸服务，从而显著提高通关效率。通过法治保障、行政管理、监管机制等手段，建立健全多部门联合运输监管系统，以促进陆空式联运更为顺畅地发展。

此外，着眼于推动口岸换装，需要优化口岸滞留时间，使物流业更好地融入市场。通过上述建议的综合实施，陕西自贸区有望在法治、管理和监管等多个方面取得显著进展，从而加速物流业的发展步伐，促使其更为高效、便捷地为市场服务。

11.2.2 政府部门与其他主体之间的协同

首先，为促进物流业的健康发展，各级政府部门，特别是物流局，应采取一系列关键举措。通过宏观规划、产业发展引导和系列政策制定等手段，积极塑造有利的企业运行环境，为物流企业发展提供政策支持。在协同行为和宏观指导方面，政府部门应发挥促进作用，确保不同层面的规划和政策相互协调，形成合力。在经济产业发展布局方面，需要结合物流需求和服务能力，提出科学合理的发展战略。通过整合物流需求网络和物流服务网络，确保其协同发展，为全国范围内的物流提供支撑。对于基础设施网络和重点物流服务项目，政府应设立专项规划，通过招标和实施监管确保项目有序推进，提高物流网络的效益。在区域规划方面，政府需要在国家、地区、城市等多层面进行统一规划，形成相互衔接的区域、城市、企业物流规划体系。这有助于优化资源配置，提高物流效益，实现各个层面物流规划的有机衔接。

其次，为了更好地推动物流基础设施建设项目和物流企业发展，需要深入研究相关问题，并不断完善规划。政府还应负责招商引资和实施监管，为物流产业的良性发展提供有力支持。通过以上举措，可以构建起一个有利于物流业健康发展的政策框架。

最后，为促进西安物流业的健康、迅速发展，制定与市场需求相适应的综合政策体系是当务之急。在构建物流业发展体制和营造市场环境时，应考虑西安独特的物流业发展特点，更加精细地贯彻国家物流振兴规划的宏观政策。建立符合市场经济要求的完整物流产业政策体系，并积极推动政策的贯彻实施，以引导和支持物流企业健康快速发展。为了保障物流业运营和企业建设发展的需求，相关部门应提供资金和税收保障政策，积极关注重点企业支持政策和土地保障政策。在基础设施建设、信息系统建设、物流重要节点建设以及大型龙头骨干企业扶植项目等方面，提供资金支持，创造有利的融资环境。建立健全信用机制和诚信体系，确保相关项目按照规划的进度和要求有序完成。在税收政策方面，推动西安物流企业税收试点，合理确定税收计征基数，鼓励符合条件的物流企业统一缴纳所得税，并制定专门面向重点物流企业的税收奖励政策。为了支持物流企业的全面发展，制定用电政策、财政贴息政策，实施有力的立项和投资政策，并制定物流企业外包补贴政策以及燃油阶段性补贴政策。在土地保障方面，对于符合物流规划的重点物流园区、物流中心和配送中心等项目所需用地，在年度土地使用计划中给予优先安排，并享受相应的优惠政策。这一系列措施将有助于为西安物流业的发展创造更为有利的环境，提升其在国家物流体系中的地位。

11.3 物流服务运营商的协同运作

11.3.1 物流服务商之间的协同

为解决西安市物流企业数量多、规模小、竞争无序、相互独立的问题，需要在中小型物流企业与大型物流企业的协同运作方面着力，实现集群化发展，营造有序竞争环境。在此过程中，政府和协调管理组织的积极作用至关重要，可以借助信息技术手段促进协同运作。同时，通过体制环境的激励和引导，鼓励中小物流企业加强联盟合作，以提升服务水平、创新合作方式和服务模式，优化资源配置。具体而言，关键措施包括信息共享、人力资源整合、客户资源整合、作业环节分工、组织机构关联协调等多个方面，以推动整个物流产业的可持续、协同发展。

11.3.2 物流服务商与物流需求企业之间的协同

在西安市及其周边地区，产业集群发展日益成为经济增长的引擎。这些地区集聚了大量的企业，形成了复杂而庞大的产业链网络。在这一背景下，专业化物流服务显得尤为关键。为了提供更为精准和有效的物流服务，我们可以通过不同的协同关联模式来实现，以满足大型企业、中小型企业集群、普通物流业务以及中转物流业务的多样化要求。

首先，与大型企业建立双边紧密关联协同是一种可行的模式。通过与大型企业深度合作，物流服务提供商可以更好地了解其独特的需求，并为其提供高度定制化的服务。这种协同关系能够有效满足大型企业的特殊物流需求，需要注意的是，协作转换成本相对较高，需要在效益和成本之间取得平衡。

其次，与中小型企业集群展开多边关联协同是另一种可选方案。通过整合产业链各环节的物流需求资源，物流服务提供商可以提高效率，降低运营风险。这种模式的优势在于适用于中小型企业集群，通过协同关联，它们能够共享物流服务，从而实现成本的优化和资源的互补。

再次，与普通物流业务展开多边关联协同。通过提供基础标准化服务，物流服务提供商可以满足中小型企业和个人的常规物流需求。这种模式注重服务的通用性和普及性，为广大用户提供高质量的基础物流服务，从而促进整个物流行业的健康发展。

最后，与中转物流业务展开多边关联协同是一种基于区位和交通网络优势的策略。通过充分利用地理位置和便捷的交通网络，物流服务提供商可以提供多种运输方式的便捷转接，满足广泛的物流需求。

这种模式强调灵活性和多样性，可使物流服务更加适应市场的多元化需求。

这四种协同关联模式共同构建了一个多元化而全面的物流服务网络。这样的网络既考虑了大型企业的个性化需求，也顾及了中小型企业集群和普通用户的通用需求。通过协同关联，物流服务提供商能够更好地适应不同行业和规模企业的需求，促进物流服务业的发展，提升其整体效能。

11.4 物流基础设施的协同运作

当前，节点设施面临一些挑战，包括部分园区空置和激烈的恶性竞争问题，同时交通通道设施存在多式联运的挑战。解决这些问题的重点为物流园区（中心）之间的协同运作和多种交通之间的高效衔接，应通过协同运作来实现。

首先，针对部分园区空置和竞争激烈的问题，可以通过物流园区（中心）之间的协同运作来促进整体协同发展。这涉及园区之间的资源共享和合作机制的建立。通过共享设施、设备和人力资源，不同物流园区可以互补不足，提高整体利用率。合作还可以包括共同营销、品牌推广以及协同研发，以增强各园区的竞争力，避免不必要的竞争，减少资源浪费。

其次，为了解决多式联运问题，需要在各种交通方式之间建立高效的衔接系统，包括陆路、水路、空中等多种交通方式的有机结合。通过建设先进的物流信息系统和运输管理系统，可以实现各种交通工具之间的实时信息共享，提高运输效率，减少货物在转运过程中的停滞和损耗。此外，制定统一的标准和规范可以使不同交通方式实现更加顺畅地衔接，降低运输成本，提高整体运输效能。

11.4.1 物流园区（中心）之间的协同

首要步骤是明晰各物流园区的发展定位，采取差异化发展策略，以避免陷入同质化竞争的泥沼。在这一过程中，要充分考虑服务对象和辐射范围的多样性，结合西安市产业集群板块的布局，以明确定位服务对象和服务功能。这种规划方法有助于提升与周边产业集群的服务关联度和行业专业度。

在具体的规划建议方面，针对周边专业性特色产业提供相应的物流服务，以满足不同产业对象的需求。同时，根据交通枢纽的不同特点进行合理的服务环节分工，以提高整体物流网络的效率。这种细致入微的规划可以使物流园区（中心）更好地适应不同产业的发展需求，同时提高整体运作的协同效应。

总体而言，通过明晰的发展定位、差异化的发展策略以及细致的服务对象和服务功能定位，物流园区（中心）可以在同质化竞争激烈的环境中脱颖而出，实现更为可持续和有效的发展。

①交流协调关系与公共服务：建议在各物流园区（中心）内设立专门的管理机构，以促进管理部门与园区（中心）入驻企业之间的交流协调关系。这些管理机构应充当公共管理者的角色，提供必要的公共设施和服务，以确保园区（中心）内企业在良好的经营环境中协同合作，形成有利于园区（中心）企业合作和有序竞争的氛围，从而提高整体合作效率。

②核心企业协同关系与产业链发展：强调园区内核心企业之间的协同关系，倡导充分发挥各自的主业优势，通过与其他企业展开合作，共同培育核心竞争力。建议加强产业链的纵向和横向合作，实现资源共享和优势互补，从而推动整个园区产业链的有序发展。

③运作协同与资源整合：提倡园区之间的运作协同，包括整合软件和硬件资源。建议协调调用仓储、加工场所等硬件资源，以提高效率和降低成本。此外，强调建立区区联动和区港联动关系，以拓展与

沿海和边疆保税港区的合作，通过便捷的国际通道，如江海直达、欧亚直达，推动更广泛合作和联动发展。

通过上述建议，我们期望能够为各物流园区（中心）的可持续发展提供强有力的支持，推动各方面的深度合作，实现更为协同和有序的发展格局。这种全面的规划和定位策略不仅有助于物流园区（中心）自身的健康发展，还能够为周边产业集群和整个西安市产业布局带来积极的影响。通过差异化的发展和明确的服务定位，各物流园区可以更好地满足不同产业的需求，实现优势互补，进一步激发协同效应。这将有助于促进园区间的资源共享，提升整体物流体系的效率，同时为相关产业提供更加专业化、精准的服务。

通过这一综合性的规划，各物流园区（中心）能够更好地融入西安市产业发展的大局，形成一个互利共赢的发展模式。通过促进合作与协同，我们可以期待看到一个更为繁荣、稳健的物流体系，为整个地区的可持续发展贡献力量。

11.4.2 多种交通方式之间的协同

通过实施多式联运，可以有力地构建西安市立体交通网络。在西安市内，通过整合铁路、公路和机场等关键交通运输设施，积极发展公铁联运、空陆联运等多式联运方式，以推动“一站式”货运代理、集箱专用车、厢式货车以及重点物资散装运输等多元化运输方式的发展。这将实现长途货运与短途货运、公路货运与铁路货运、公路货运与航空货运的迅速对接。

特别值得关注的是，要在多式联运中着重发展煤炭、建材、钢材、化工等大宗物资的铁路、公路联运，通过高效的物流体系将这些重要生产资料快速、安全地运送到目的地。同时，建设区域性物流集散中心和期货交割中心，以提升生产资料物流的多式联运集散与中转功能。

这一系列举措不仅有助于提高物流效率，降低整体运输成本，还将促进产业协同发展。这将给西安市及周边地区的物流体系带来全面的优化，为经济发展创造更为便利、高效的物流环境。

11.5　物流信息网络的协同运作方面

11.5.1　组建物流信息化项目班组

该计划可由物流局牵头，各园区管委会和关键物流企业共同参与。物流局负责主导参与平台需求的规划设计和运营管理，充分整合各方资源，确保平台的顺利推进。与此同时，各园区管委会和重点物流企业则在具体实施中发挥积极作用，提供专业意见和协同支持。

在技术层面的平台开发设计和技术维护方面，可以通过标准招标方式委托专业网络科技公司进行。这样的做法能够确保平台的技术水平和系统稳定性得到充分保障，同时通过市场竞争，选择最具实力和经验的科技公司，从而提高平台的质量和可持续发展能力。这种合作模式将充分发挥各方的专业优势，实现协同合作，为物流平台的建设与运营提供全方位的支持和保障。

11.5.2　推动政府部门和成员企业的信息化协同共享进程

采用两种模式，即自上而下和自下而上，同步推进物流信息化。自下而上模式涉及政府部门和企业内部，通过实现物流作业的信息化，建立信息网络对外接口。在这一模式中，鼓励企业建立门户网站和内部信息系统，以提高内外部信息流的畅通度。政府部门可以在现有电子政务平台的基础上进行优化升级，建设物流公共政务网。该网涵盖海关、公路、铁路等多式多环节，可以实现一体化流程化信息查询。

自上而下模式由信息项目班组主导，并负责建设和运营公共信息平台。这个平台的设计旨在吸引更多中小型物流企业参与，通过与物流公共政务网和企业内部信息网之间建立数据交换接口，促进各方信息的互通共享。通过这两种模式的有机结合，能够全方位、多层次地推动物流信息化的进程，提高整个物流体系的协同效率和信息化水平。

11.5.3 开展物流信息平台的推广应用和运行管理

通过引导企业成员加入物流信息平台，并通过奖惩、监管等系列机制，保障平台信息的数量和质量，树立平台的权威性和效用性。积极与城市圈、西部城市群等地区进行信息交流，促进与全国联网的公路运输信息系统、航空货运公共信息系统的合作。拓展平台功能，使其成为集商务、金融、税务、交通运输、市场监督管理等功能于一体的物流信息平台，实现全市物流资源信息共享，推动陕西省物流信息平台建设。

在推广过程中，需要注意不同地区数据标准的统一问题，实现数据的转化与兼容，确保不同共享水平权限的数据可以共享。搭建与多主体各自内部信息系统的接口，并对多主体开放应用窗口，包括物流需求用户查询系统、政府相关部门监察系统、物流服务商应用系统、协调管理者决策支持系统等，以提供全面的信息管理、奖惩评估分析和作业协同指派等方案决策支持。

通过这一系列举措，可以有效地实现物流信息平台的协同发展，促使各个系统更紧密、更高效地合作，为物流行业的现代化和信息化发展奠定坚实的基础。

11.6 物流网络系统的协同运作管理组织

针对当前存在的物流业管理体制问题，强烈建议在政府层面积极采取行动。首先，新建物流局以有效解决多部门分割的问题。建立跨政府部门的协调管理机制，有助于顺利推行市政府的物流业发展规划及相关项目。其次，提议成立西安市区域物流系统的协调管理组织，由物流园区（中心）管理委员会和重点物流企业组成，与交通运输部门紧密合作，共同致力于改善西安物流业市场管理体制和环境。该组织旨在实现西安区域物流系统中资源的整合和协同运作，以优化物流业发展的市场环境，推动物流产业集群化发展，同时提升物流网络的集聚和辐射能力。在具体推动区域物流网络系统发展的过程中，务必重点关注资源整合、协同运作和市场环境改善等关键工作任务。

11.6.1 负责建立和管理权威性的物流信息网络平台

这成为协同管理工作展开的基础和支持工具。在技术方面，具体的网站建设和日常维护工作可以外包给专业的网络技术公司，以确保技术支持的高效性。协调管理组织则承担着参与物流信息平台功能设计、管理平台注册会员以及推广平台的应用等职责。这样的组织结构旨在保障物流信息平台的数据采集数量、准确性和真实性，同时确保各功能模块能够切实地付诸实施，以有效推动物流供求的协同运作。这种方式有助于避免投入资金建设后平台空有形而缺乏实用性的问题，最大化地发挥协同管理的潜力。

11.6.2 推广物流标准化和信息化建设

这一系列举措不仅旨在深入推进整体物流业的信息化发展，还有助于促使物流信息平台有效运转。除着力发展公共信息平台外，还可考虑对系统的会员进行物流相关信息跟踪。这一经验已在浙江传化的物流服务平台中得到成功应用，因此西安市迫切需要迅速建立起一个协调一致的现代物流技术标准化体系，推广运用标准化的运输、装卸、仓储、包装机具设施，以及条形码、即时通信等技术手段。此外，在物联网方面，政府可以积极投资基础通信通道的建设，为物流业打造更加先进和高效的信息网络环境，以促进行业的可持续、健康发展。这一综合举措将有助于提高物流业的整体运作效率，推动其迈向数字化、智能化的未来。

11.6.3 对物流系统成员的管理

营造更具吸引力的环境，鼓励更多卓越的物流企业融入物流网络系统，成为其独特的联盟成员，是当前物流行业发展的迫切需求。对于那些加入系统的企业，除最基本的物流信息平台注册管理外，还应着眼于构建更为紧密且协同的联盟合作框架。这一框架的核心应包括激励机制、惩罚机制和监管机制的全面设计和切实执行。通过建立明确的激励机制，激发成员企业更积极地进行信息共享、提升服务质量、展开协同分工运作以及实现灵活的资源调配。同时，设立有效的惩罚机制保证系统内企业履行承诺，确保各项合作义务得到履行。监管机制的建立有助于监督和评估联盟合作的实施效果，确保整个系统保持高效运作。

这一综合的合作框架将极大地推动物流企业之间的协同互动，增进系统内成员间的信任，从而推动整个物流网络系统不断朝着更协同、更创新的方向前进。这种联盟合作模式有望为参与企业创造更为广阔的发展空间，也将为整个物流行业的蓬勃发展注入新的活力。

12 陕西自贸区物流系统运行保障

12.1 物流政策和法治建设

12.1.1 加强宏观政策调控

为了提升陕西自贸区物流系统的供给能力，亟须政府及自贸区管理部门积极采取开放的姿态。这包括要在准入方面放宽政策，鼓励更多物流供给企业进入市场，以及灵活而合理地调整管理政策，以缩减负面清单的方式来吸引并集聚更多具备物流供给潜力的企业。在这一背景下，政府管理模式需要变革。建设真实、公开、高效的信息共享平台是至关重要的。这一平台的建立将有助于各部门间实现协同配合，以便能够及时、全面地了解物流体系信息。这种信息的高效流动将为整个物流产业提供坚实的支持。同时，为推动物流产业的繁荣，可引入激励措施激发社会力量参与市场监管。这不仅有助于实现政府办公的透明化，而且将为公平竞争创造有利条件。这一系列措施将为陕西自贸区物流系统的稳健发展提供有力支撑，强化宏观调控力度，为该地区的物流产业打下坚实的政策法规基础，为其未来长期发展奠定可靠基石。

随着腹地交通运输的逐步完善，陕西自贸区将迎来更多物流企业的涌入。为确保市场竞争的公平性，政府的政策框架需要进一步优化，以确保物流企业能够在法律规范和政策指引的双重约束下，在相互平等的基础上展开竞争，促使业界良性竞争与优胜劣汰机制充分发挥作用。在这一背景下，陕西自贸区需要充分了解并遵循国际通行规则，提供系统而有效的制度保障手段，以实现与国际投资的有机衔接。这涉及深入研究陕西自贸区当前的发展状况和各类经济活动，制定切实可行、贴近实际的政策内容。这一系列政策的制定旨在确保陕西自贸区在国际投资方面具备灵活性和竞争力，为吸引更多国际投资者创造有利条件，从而在全球市场中赢得更多机遇。

为了实现陕西自贸区的发展目标，亟须重新构建适应当今时代发展要求的贸易规则和投资体系。在这一过程中，必须根据陕西自贸区的计划目标采取特殊的变通措施，以适应可能不利于自贸区发展的有关国家政策方针和行政法规。试点工程作为负面清单管理模式的关键步骤，需要各单位的积极参与，并为其提供相应的制度保障，以确保负面清单能够有效实施。这一系列的举措将为陕西自贸区创造更为灵活和适应性强的经济环境，为其发展提供有力支持。

12.1.2 完善物流管理体制改革

在现代物流业的发展中，陕西自贸区需要更加注重协同合作的机制，以促进各个环节之间的有机衔接。缺乏协调机制导致资源利用不均衡，进而制约了整个物流产业的发展潜力。为了解决这一问题，陕西自贸区可以借鉴国际上成功的合作模式，建立更为紧密的协同关系，推动各个领域之间的协同发展。

在陕西自贸区的建设中，应当注重在监管制度上进行优化，以适应现代物流业的需求。通过引入更加灵活和高效的监管手段，提高监管的科技含量和精准性，从而更好地支持物流业的健康发展。同时，要结合自贸区的实际情况，建立起符合陕西自贸区特色的监管机制，使其更具针对性和可操作性。

国际学习是提升物流业管理水平的有效途径之一，可以通过学习其他国家的成功经验，更好地引入和应用现代管理理念。这不仅包括技术和管理方面的经验，还应当关注国际的合作机制，以及如何通过国际视野来规划和推动陕西自贸区的现代物流发展。通过建立协调机制、优化监管体制、学习国际经验等一系列综合措施，进一步推动现代物流业的发展，提高服务质量和物流效率，促使整个物流市场体系更加规范有序。这将为我国物流业的未来发展打下坚实基础。

在实现陕西自贸区物流业创新发展的过程中，关键在于通过交通运输系统的优化，提升物流效益。首先，要在交通运输基础设施方面取得实质性进展，着重提高西安市内及城际间高效运输网络的利用效率。通过引入先进的技术手段，如智能交通管理系统，来确保物流运输的顺畅进行。同时，加强对运输节点如机场、站点等设施的升级，提高其运作效率，以满足不断增长的物流需求。其次，协调地方政府的合作是推动交通运输系统有机连接的关键。通过促进各交通运输系统的协同发展，实现“陆—空”“公—铁”等联运体系的良性循环。借助先进的信息技术，构建信息交流平台，使物流信息在各个环节顺畅流动，为绿色、高效、便捷的运输系统提供有力支持。最后，在运输资源管理方面，兼并、重组、合作等手段是实现系统优化的关键步骤。消除多、小、散、乱等问题，实现运输系统的有序运作。同时，通过合理协调和分工，打破同质竞争，形成合作共赢的局面，使得陕西自贸区在国际化运输网络中的表现更为突出。

总体而言，陕西自贸区要实现物流创新发展，需要在交通运输、信息技术、运输资源整合等多个方面综合施策。通过高效运输网络、信息交流平台、联运体系的构建，以及运输系统的优化管理，打造绿色、高效、便捷的物流体系，为陕西自贸区的创新发展注入新动力。这也将有助于促进陕西自贸区与其他地区的协同发展，实现共同繁荣。

12.1.3 加强法治建设

物流业在对外发展过程中会存在一定的不确定性，政府应加强法制管理，并尽可能地完善风险体系，使得物流业能够更好地适应国内外较为复杂的经济环境，从风险识别、风险评估、风险响应、风险控制等各方面入手，对风险做出全面的把握，为物流业的发展扫除障碍。

（1）加强陕西自贸区涉外法律建设

严格按照《外商投资法》以及国家新修订的《自由贸易试验区外商投资准入特别管理措施（负面清单）（2024年版）》，结合陕西省实际和企业特点，完善自贸区外资准入、监管等实施细则，探索国内外法律法规的有效接口，逐步消除国内外差异，推动自贸区法律法规与国际规则、国际惯例实现无缝对接，提高资本流动性。

（2）优化陕西自贸区法治化营商环境

以西安国际港务区建成的国际商事法律服务中心大楼为平台，发挥最高人民法院第六巡回法庭、第二国际商事法庭及西安知识产权法庭等部门的作用，为国内外知名仲裁、调解机构入驻提供便利，探索诉讼、仲裁、调解的有机融合，共建"一站式"多元化国际商事争端解决平台，积极创建国家级"一带一路"国际商事法律服务示范区，保障陕西自贸区在良好的法治环境下平稳运行。

（3）建立陕西自贸区创新管理机制

明确陕西自贸区片区建设由片区所在地的市级政府统一负责，就片区建设情况直接向省自贸区领导小组负责。加强省级各部门的协同联动，采用创新规划、考核奖励等方法，调动部门建设自贸区的积极性，切实为自贸区建设排忧解难、提供便利。对于涉及中央事权的，由相关部门与中央对接，积极为陕西自贸区争取政策支持或先行先试机会。

12.2 物流基础设施建设

要确保陕西自贸区实现供应链式联盟的发展模式，必须高度关注现代物流技术和物流设施的建设。尽管当前物流理念和技术正在经历颠覆性的变化，但市场竞争的压力使得陕西自贸区必须积极更新和建设先进的物流基础设施。由于物流基础设施的更新步伐未能与发展需求同步提高，导致陕西自贸区的物流业受到较大的负面影响。因此，在现代物流体系的建设过程中，陕西自贸区应当着重关注物流设施的更新，以确保满足市场竞争的需求，实现供应链式联盟的发展目标。

在当前竞争激烈的市场环境中，现代物流技术的运用已成为企业获得竞争优势的关键。陕西自贸区若要实现供应链式联盟，就需要在物流方面取得突破性进展。物流理念和技术的不断创新，为供应链管理提供了新的可能性，但是，这一创新的成果需要先进的物流基础设施提供支持，以确保整个供应链的高效运作。因此，陕西自贸区在发展物流业时，应当注重物流基础设施的建设与更新，以满足市场对现代物流的需求。只有通过建立先进、高效、智能的物流基础设施，陕西自贸区物流业才能适应当前激烈的市场竞争，实现供应链式联盟的发展目标。

在资金支持方面，除增加对物流基础设施的资金注入外，我们还需鼓励物流企业通过多种途径实现自主融资，以促进基础设施的建设。在这个过程中，需要注重提高企业的融资能力和渠道多样性。与此同时，对于国外资源，我们不仅要积极吸引外部资金，还应积极学习和借鉴国外先进的基础设施建设经验，以优化我国的物流基础设施建设模式。这样的举措将有助于提升我国物流体系的竞争力和可持续发展水平。

在基础设施建设领域，陕西自贸区需要迅速完成以下内容：首先，搭建一个完善的陆上运输网络，确保各地区之间能够实现物流的高效畅通流动。其次，聚焦于建立以物流园区为核心的综合体系，以配送中心和仓储网点为支撑，构建一个紧密协同的物流运作网络。同时，实现航空货物运输设备的一体化和标准化，以提升物流操作的整体效能。此外，对于建设资金的使用，应当进行合理的规划和分配，确保每个环节都能得到充分支持。借鉴国外先进的物流基础设施建设经验，并融入本地实际，为我国物流体系的发展提供实际指导。在短时间内，以相对较少的资金投入，迅速推动物流基础设施建设，以适应陕西自贸区物流系统发展的紧迫需求。

在自贸区的环境中，物流服务企业有着广泛的探索和发展机会，其中联合发展的战略举措显得尤为重要。通过共同投资和协同建设现代化物流基础设施，物流企业可以有效降低建设资金和时间成本，进而减轻物流基础设施建设的负担。这一联合建设的理念在于汇聚各企业的力量，最大限度地发挥优势，快速打造符合全球物流标准的高水平基础设施。联合建设过程中，各物流企业能够充分发挥各自的专业特长，形成合作共赢的局面。这种模式不仅使得企业在短时间内实现了物流基础设施的升级，还有望将陕西自贸区推向国际竞争的前沿。通过合作推动业务量的提升，不仅有助于单一企业的发展，还将推动整个自贸区的综合实力进一步提升。因此，联合发展战略为物流服务企业提供了实现快速发展的机遇，为自贸区营造了有利的经济生态环境。通过协同努力，不仅可以有效降低竞争的时间和资金成本，还能够为自贸区内物流企业的长期繁荣创造良好的环境。这一战略不仅是企业自身发展的需要，也是促进整个自贸区物流产业繁荣发展的关键一步。

12.3 物流信息平台优化

12.3.1 物流信息平台功能

在现代经济背景下，物流信息平台充当着开放式供应链事务处理系统的关键角色，涵盖数据发布、数据更新和电子商务等多方面功能。这种多功能性为物流信息资源的整合与共享提供了有力支持，从而实现了社会资源的更加充分的利用。物流信息平台不仅在信息化方面对中小企业发展起到积极推动作用，而且在整个物流系统的优化方面发挥了关键作用。通过消除信息传递障碍，它成功地提高了办理效率和信息资源的利用率，为企业提供了更为便捷和高效的运营环境。此外，物流信息平台的推广对城市物流业的信息化进程起到了催化作用，推动了区域中小物流业向现代化、网络化和信息化发展。这为企业的信息化建设提供了强大的动力，使得整个物流体系的发展更趋向于现代化、网络化和信息化。物流信息平台也积极支持电子商务平台的建设和发展，有效解决了电子商务合作中的难题，促进了信息在供应链中的流动，进而推动了供应链的发展。综上所述，物流信息平台的全面发展不仅为中小企业提供了可靠的信息支持，也在促进整个物流系统的高效运作和城市物流业的信息化进程中发挥了关键作用。其多功能性和支持电子商务平台的特点，为供应链的发展和管理带来了新的机遇和可能性。

物流信息平台由四个子系统组成，分别是公用物流信息平台、物流中心信息平台、物流信息技术平台和物流信息标准化平台。

公用物流信息平台涵盖的广泛信息，为整个体系提供全面支持，其他平台则在其基础上进一步发展。物流中心信息平台作为核心，不仅提升了物流运作效率，而且显著缩短了信息在供应链企业之间传递的时间。物流信息技术平台作为独立的辅助性技术平台，为信息流动提供可靠的后勤技术保障，并承担信息管理服务的角色。在整个系统中，物流信息标准化平台的作用至关重要，旨在规范系统中的所有信息。其标准化管理和建设使得信息更易在企业中进行高效流动，同时降低了信息不对称性，有助于信息被理解和接受。这些物流信息平台的结合共建了一个高效的物流信息系统，为供应链和企业间的信息流动提供了有力支持，促进了整个物流体系的协同发展。通过这些平台的有机结合，不仅提高了运作效率，还为企业提供了更加便捷、高效的信息管理服务，进一步推动了物流行业的创新和发展。

全球定位系统、自动数据采集（ADC）、地理信息系统等信息技术被广泛运用于物流信息平台的建设和发展，其也是构建陕西自贸区物流信息系统的重要工具。这些先进的信息技术不仅在实践中展现了卓越的应用潜力，而且在推动陕西自贸区的物流信息系统不断完善和升级方面发挥着至关重要的作用。全球定位系统通过卫星定位技术，为物流信息系统提供了高精度的位置信息，实现了对运输车辆、货物等实时动态的全面监控和管理。自动数据采集技术则通过自动识别、采集和传输数据的方式，大大提高了信息采集的效率，为物流信息系统的运行提供了可靠的数据支持。地理信息系统则通过地理空间数据的集成和分析，实现了对地理位置的智能化管理，进一步提升了物流信息系统的整体运营水平。这些信息技术的综合应用为陕西自贸区物流信息系统的发展指明了方向，使其能够更加智能、高效地应对日益复杂的物流环境。通过持续引入和整合先进的信息技术，陕西自贸区的物流信息系统将不断提升其信息化水平，为实现更加智能、便捷、高效的物流管理和服务提供强有力的支撑。

12.3.2　物流信息系统建设

随着信息技术的不断演进，企业数字化转型的核心方向逐渐聚焦于现代物流技术的应用。在当今物流行业中，创新的信息应用和高效的信息流动已经成为企业迈向成功的关键，其不仅能够准确地降低成本、制定增收策略，还有助于提升服务水平和运营效能。全面信息化的拓展在物流信息平台建设方面发挥着至关重要的作用。通过全球供应链的信息共享，构建一个由生产、流通和物流服务企业组成的国际化供应链已经成为全球贸易发展的趋势。为了实现物流企业的全面发展，必须朝着信息的整合和快速处理方向迈进。这需要建立健全的物流信息平台，实现资源的共享和充分利用。同时，对信息资源进行整合和战略规划至关重要。逐步建立物流信息平台和企业级物流信息系统，以确保信息的流动和充分共享，进一步提高物流企业的运作效率。这一过程不仅要求在全球范围内实现信息的共享，还需要对信息进行有效管理，确保其在企业内部和供应链中的高效传递。综合而言，物流业在信息化的大潮中，必须积极拥抱现代技术，建设完善的信息平台和系统，以应对竞争激烈的市场环境，实现持续创新和可持续发展。

12.4 物流人才培养

12.4.1 物流人才需求情况

物流人才在经济社会发展中扮演着至关重要的角色，政府应当高度重视物流业的发展。为此，鼓励高校和大中专院校制定专门适应现代物流需求的人才培养方案是至关重要的一环。此外，政府还应当完善人才引进机制，确保物流产业、学术界和研究机构之间形成密切的合作关系，促使物流领域的人才培养能与产业实践和科学研究紧密结合，以更好地适应行业发展的需求。为了加速培养并储备一批具备综合能力的物流人才，政府可通过激励措施，如奖学金、科研项目资助等，吸引更多优秀学子投身物流专业。在培养方案的设计上，应充分考虑现代物流业的多元需求，注重学生实际操作技能的培养，培养具备创新精神和解决实际问题能力的物流专业人才。此外，政府还可倡导企业与高校建立“产学研”合作平台，推动物流业的实践需求与学术研究的深度融合，以确保物流人才培养更具实用性和前瞻性。这种方式将有助于培养出更适应市场需求的物流从业人员，促使物流业的人才队伍更好地满足社会和经济的快速发展需求。

(1) 高级物流管理人才

在当前的商业环境中，那些精通物流业务的管理人员，可谓各大企业争相争夺的宝贵人才。他们的职责涵盖了对企业物流方面的监督和管理，对于涉及制造业等多元化业务的企业而言尤为重要。在制定业务战略和方向时，这些管理者需要做出一系列决策，包括是否将物流业务外包给其他公司，并在外包方式、物流公司监管等方面发挥关键性作用。

高级物流管理人才必须具备高效的决策能力，能够迅速而准确地跟踪、监管和控制各项物流活动，以确保企业运营的高效性。他们的任务还包括降低潜在的风险，因此在面临问题时，他们需要采取切实有效的措施，将企业运营风险最小化。这一类专业人士在企业运作中扮演着不可或缺的角色，他们的能力确保了物流系统的畅通和高效运转，为企业提供了关键性的支持。因此，高级物流管理人才成为企业中保障物流运作顺利进行的不可或缺的人物。

（2）物流运营管理人才

物流运营管理人才主要负责企业物流部门的全面运营，亲身参与并实际管理各项关键物流业务。他们的责任范围涵盖了基础的物流操作，包括但不限于在运输、储存、配送等方面的合理规划和精准管理。除此之外，他们还需要根据客户的需求制定出切实可行的运营战略，并不断进行创新，以提升企业物流运作的效率和灵活性。

这一类专业人士不仅是物流业务的执行者，也是战略规划和创新实践的关键推动力。他们努力确保企业物流体系的顺畅高效运转，不仅需要应对当前运营的挑战，还需要预见未来趋势，为企业的长期成功制定可持续发展的战略决策。因此，他们在企业中扮演着至关重要的角色，持续致力于提升物流运营的水平，以满足不断变化的市场需求和客户期望。

（3）物流作业的一线操作人员

一线操作人员的要求相对较为宽泛，主要职责涉及熟练运用各项业务技能，包括但不限于分拣、补货、验货、入库以及包装等工作。在这些任务中，他们无须深入研究复杂的物流理论，而更注重通过实际操作来积累经验。由于工作职责相对简单，一线操作人员只需通过一般的技术教育就能够满足企业的要求。这种宽泛的要求使得这些从业人员更专注于实际操作，倚重在工作中迅速提高业务熟练度，为企业运营提供稳定而高效的支持。

12.4.2 物流人才引进

陕西自贸区在物流发展中亟须解决高素质人才短缺的问题，因此，调整方案的核心应当集中在引进和培养高素质物流人才上。在引进方面，制定差别化待遇是关键，为物流专业人才提供更具竞争力的薪酬和福利，以激发其职业热情。同时，建立灵活多样的激励机制，包括奖金、晋升机会等，以创造良好的工作氛围，促使人才更好地发挥潜力。在培养方面，完善法律制度至关重要，为物流从业者提供全面、系统的培训和教育，以不断提升其专业素养和管理水平。支持创业是培养人才的重要途径，通过创业贷款、税收减免等政策，鼓励物流人才在陕西自贸区内展开创新实践。此外，提供留学机会，让物流从业者深入国际前沿，带回新颖的物流管理理念和技术。加强企业合作和技术交流是另一个解决方案，通过共享资源、互通信息，促进物流行业整体发展。通过系统的员工培训，提升整体人才水平，并建立人才等级评定体系，为人才提供更广阔的发展空间。推行奖励政策，鼓励人才在创新领域取得成就，培养积极向上的工作氛围。营造良好的学术氛围是提高陕西自贸区吸引力和活力的关键所在，通过与学术界的深度合作，吸引更多物流人才积极参与。综合以上措施，陕西自贸区将能够有效解决物流人才短缺问题，为自贸区的可持续发展注入强大动力。

在陕西自贸区，物流人才的联合培育与流动被认为是推动物流行业蓬勃发展的至关重要的措施。陕西拥有各类科研机构 3000 余个，高校数量在全国名列前茅，省部级实验室、研究中心 200 多家，各类科学家、专业技术人才 50 余万人。政府应充分发挥陕西丰富的科研机构和高校资源优势，通过建立高校之间的协作机制，全力培养符合陕西自贸区物流系统需求的高端物流人才。实现这一目标的途径之一是通过与陕西自贸区物流企业紧密合作，共同制订培训计划和签署相关协议。为了激励学生在高校时期更深入地了解物流行业，可设立定向奖学金，为有志投身物流领域的学子提供支持。这不仅有助于学生建立与物流企业的紧密联系，还能帮助学生在毕业后顺利过渡到职场，实现高效的人才培养。此外，物流企业也可通过将员工送往高校进修，为其提供不断进取的机会，以满足自贸区物流系统不断升级的要求。这种综合性的联合培育与流动机制将为自贸区物流系统提供更加有针对性和多层次的人才支持，推动整个物流行业朝着更加高效、创新的方向发展。政府、高校和企业的协同努力，将为陕西自贸区物流领域的发展带来长足的进步。

12.5 国际陆港发展策略

充分利用西安得天独厚的优势地理位置，通过打通国际物流大通道，加速西安国际陆港与周边陆港的网络化发展，以实现更高水平的互联互通。这一举措将有助于巩固和拓展西安作为国际物流枢纽的地位，同时是对国家绿色发展理念的积极响应。

通过打通国际物流大通道，可以实现更加便捷、高效的物流运输，降低物流成本，提高物流效益。这不仅有利于西安自身的发展，也能推动周边陆港的网络化发展，形成更为紧密的区域合作体系。在这一过程中，需要注重推动绿色发展，采用环保、节能、低碳的物流模式，以保护生态环境为前提，实现可持续的发展。

为了尽快弥补西安国际陆港的短板，必须加强基础设施建设，提升物流运输能力，优化物流服务体系，使整个物流链条更为顺畅。同时，通过引入先进的信息技术，实现物流信息的实时监控和管理，提高运输效率，降低运营风险。

综合而言，依托优势地理位置，打通国际物流通道，推动西安国际陆港与周边陆港的网络化发展，不仅有利于提升西安国际陆港的综合竞争力，还将为绿色可持续发展做出积极贡献。这一战略性举措将推动西安成为国际物流的重要节点，为地区和国家的发展注入新的动力。

12.5.1 提升口岸经济发展的支撑力

作为拥有电子、航空航天、纺织、汽车、电力设备等高新技术产业的城市，西安需要持续扩大产业产品的进出口贸易规模，培育新兴的贸易业态和模式，特别是要积极支持跨境电子商务的蓬勃发展。这一努力的目标是吸引更多的资金、人才、技术、商品和信息等关键要素在陕西地区流动，从而成为内陆港口岸经济协同发展的基石。面对陕西外贸长期锁定于低端领域的问题，增加高新技术产品和关键技术设备的进口，可以实现技术外溢效应的获取。这有助于推动陕西制造业发展方式的深刻变革，引导企业逐渐从数量价格竞争向质量品牌竞争转变。同时，加大对出口品牌企业的扶持力度，培养一批具有国际竞争力的自主品牌跨国公司，这将为陕西外贸带来新的增长动力。在国际合作方面，应着眼于共建“一带一路”国家。通过加强产业对接与合作，延伸产业链和提升价值链，实现产业的共同繁荣。同时，支持外贸综合服务企业的发展，鼓励企业在相关国家建设“海外仓”或“陕西商品展示中心”，以进一步拓展出口份额，提高口岸的使用效率和竞争力。这一系列综合措施将为陕西外贸的可持续发展提供坚实的支持。

12.5.2 建设物流枢纽

在构筑健全物流枢纽的大框架下，通过巧妙设计和优化物流节点空间布局，全面提升物流通道的能效，积极推进“三网三港”核心骨干物流体系建设，将进一步强化物流运输的效能和品质。在国际合作层面，通过与沿线国家在铁路、海关、检验检疫等关键领域的深度合作，为中欧班列（西安）拓展线路创造更为有利的条件。与此同时，与沿海港口的合作将成为实现“海上丝绸之路”通道畅通、促进陆海联运的关键推动力。在航空领域，持续推动国际航线网络的布局，发挥航空城试验区的战略优势，积极发展临空经济，建设临空经济示范区，致力于将其打造成为国际航空物流的战略中心。与京东的战略合作不仅将加速物流基础设施的建设，同时将推动新兴技术如无人机等的广泛应用，促进智慧物流体系的全面建设。这一系列有机组合的措施将为建设全面协调、高效运转的物流枢纽提供有力支持，进一步提升全球物流网络的可持续发展水平。

12.5.3 打通国际物流大通道

借助中欧国家陆桥物流通道和西南出海物流大通道，陕西自贸区致力于进一步扩大中欧、西欧、中亚西部的陆路物流通道，加快多式联运通道的建设。同时，陕西自贸区将充分发挥西安陆港数字信息港等基础设施的功能，加强交通、管道、电力、通信骨干网和数据中心等方面的建设，以提供强有力的支持。在这一过程中，陕西自贸区将加强与共建“一带一路”国家、地区的合作，推动设施互联互通，共同建设国际物流大通道。

为了进一步拓宽“长安号”国际班列线路，陕西自贸区将通过创新陆港运营方式，积极促进陆港与海港、空港的协同发展，以构建更为高效的运输网络。最终的目标是建设服务“一带一路”的枢纽港，为经济合作提供高效的物流支持，使其成为区域间贸易和合作的关键节点。这一系列举措将推动国际物流大通道的不断完善和发展，为加强区域间联系和合作创造有利条件。

中欧国家陆桥物流通道和西南出海物流大通道作为“一带一路”倡议的关键组成部分，正迎来快速发展的机遇。这一通道通过西南出海物流大通道、中欧、西欧、中亚西部的陆路物流通道等多式联运通道，形成了一个庞大而高效的国际物流网络，借助这一网络，多式联运通道的建设将被加速。为提高物流效率，多式联运通道的建设将协同各种运输模式，更好地满足不同货物的运输需求。相关合作将得到强化，促进设施互联互通，构建国际物流大通道，助力形成区域间更为紧密的经济联系。

在整个物流体系中，中欧国家陆桥物流通道是连接中国与欧洲的重要交通枢纽。西南出海物流大通道作为连接中国西南地区与海外的主要通道，通过陆路物流通道与其他交通网络相连，实现了交通、管道、电力、通信骨干网和数据中心的紧密协同。在这一物流体系中，西安陆港数字信息港充当着关键角色，为陆路物流提供数字化信息支持，提高了物流运作的智能化水平。“长安号”国际班列通过高效运营方式加快了中欧货物的运输速度。多式联运通道的建设进一步提升了国际物流大通道的整体效能，海港、空港协同运作，使得陆港运营方式更加灵活多样，为进出口货物提供了更多选择和更便捷的服务。枢纽港在整个物流体系中扮演着关键的节点角色，实现了不同运输方式的衔接与转换，推动了货物的顺畅流动。这种协同作业的模式使得“一带一路”国际物流大通道更加高效、可靠。

12.5.4 加快陆港物流链网络化发展

通过密切的战略合作，建立高效的合作机制，专注于打造区域陆港群，以促进陆港物流链的全方位发展。在这一框架下，通过联合投资和开展广泛的业务交往，建立多方参与的长期伙伴关系，实现协同共赢和共同承担风险的目标。核心陆港企业应巧妙整合区域陆港的网络资源、知识、信息技术和市场优势，以降低同一区域内陆港之间的竞争压力，减少资源浪费，推动城市陆港群的形成。

通过提升物流网络化服务水平，实现陆港区域的高度协同，推动陆港一体化发展目标的实现。全球供应链体系将在这一合作模式中逐步完善，促进全球战略高点的形成，全面重塑全球价值链，为我国经济的蓬勃发展提供坚实支撑。这一全面而系统的战略构想旨在确保我国在全球经济舞台上占据有利的地位，实现经济的可持续发展。

12.5.5 构建“绿色港口”

随着全球经济的不断增长，港口发展日益成为关键的推动力量，对能源使用和防治污染等方面产生深远影响。在《巴黎协定》的呼吁下，港口行业正面临着脱碳的紧迫任务，同时我国也在鼓励陆港进行能源结构转型。在这一发展趋势中，企业是否能够有意识地使用清洁能源、低碳设备，并积极进行环境友好的绿色实践，将直接关系到陆港长期发展的内在要求。港口脱碳已经成为一个不可忽视的环境目标，要求行业参与者积极探索替代能源，减少碳排放。随着能源结构转型的推进，港口行业将面临更多机遇和挑战。企业需要在发展中更加注重可持续性和环保，以适应未来经济发展的新要求。因此，港口的绿色实践将不仅是一种责任，更是推动行业可持续发展的关键因素。

在陆港长期发展的过程中，注重环境友好将成为企业竞争的重要因素。持续采用清洁能源、引入低碳设备以及实施绿色实践将有助于提高港口的整体竞争力。这一趋势不仅符合国际环保标准，也顺应了全球经济增长的需要。因此，将港口发展与环保、绿色实践紧密结合，将成为推动港口行业可持续发展的必然选择。

①积极倡导绿色理念，通过创新企业文化，致力于建设环保型企业。为确保绿色港口的可持续发展，政府制定了一系列绿色港口企业标准，以及相关的发展标准和规范。此外，政府制定了陆港绿色发展的阶段性规划并提出了年度计划，同时组织了多样化的主题活动，如节能环保培训等，以推动员工对环保理念的深入理解和践行。为改善生态环境，陆港可采取多项措施，其中包括增加园区的绿化覆盖率，通过植树造林等方式，提高自然绿化水平。在物流作业区的外围，策划并建设生态缓冲屏障，以有效隔离和减缓物流活动对周边环境的影响。这一举措不仅有助于改善港口周边空气质量，还为港口区域提供了更为宜人的生态环境。为提升整体港区形象，港口也着眼于优化港区景观，通过设计和建设美观而绿色的景观区域，使港口成为一个令人愉悦的工作和生活空间。这一综合性的绿色发展策略旨在打造一个环保、宜人的工作环境，为港口的可持续发展奠定坚实基础。

②积极调整能源结构，致力于构建高效低碳的能源体系。为达成这一目标，陕西自贸区与科研院所等展开密切合作，共同进行节能减排和污染防治关键技术的研发工作。通过提升传统能源（如煤等）利用效率，引入先进技术支持，着力推动能源结构的深刻转型。为提升能源效益，陕西自贸区进行了基础设施设备的全面更新，引入更为高效的发动机、更清洁的燃料，同时配置废气排放捕集装置和能量回收装置等新设施。这一系列创新措施旨在提高设备的整体性能，减少对环境的不良影响，促进陆港能源的可持续发展。

另外，加强替代燃料基础设施的建设，以支持更加清洁的能源使用。通过引入多样化的替代燃料，陆港不仅能够减少对传统能源的过度依赖，还能够有效降低港区的碳排放水平，推动绿色能源在港口运营中的广泛应用。为提高货物运输效率，支持多式联运成为一项关键措施。通过确保不同运输模式的协同衔接，使货物在陆港区域的衔接更为迅速、停留时间更为短暂。这一多式联运战略有助于提升陆港货运网络的整体效能，构建更为高效、可持续的运输体系。

③建立全面的环境监测体系，积极处理污染物。着手构建能够全面统计和监测能源消耗以及污染物排放的系统，以确保对陆港的环境影响进行精准监控。制定港区污染物排放清单，同时设定明确的环境改善目标和指标，依循标准规范进行陆港的日常运营和管理，以确保港口运作符合高标准的环保要求。

为深化环境管理，成立废物管理中心，对产生的废物进行细致分类处理。通过将可降解废物转化为有机肥，有效减少了对环境的不良影响。此外，遵循相关标准，对有害废物进行合理处理，以确保废物处理的过程符合环保法规，最大限度地减少其对周边生态的负面影响。这一系列措施旨在建立健全的环境管理体系，使陆港能够在运营中不断改善其环境。通过细致而系统的监测、统计和处理，确保港口的日常活动不仅遵守相关标准，还致力于降低对自然环境的不良影响，实现绿色、可持续的港口运营。

13 结论与展望

13.1 研究成果

本书以陕西自贸区为研究对象，构建了陕西自贸区物流系统，并运用系统动力学理论和方法，构建基于供需均衡的陕西自贸区物流系统的系统动力学模型，通过对系统动力学模型的仿真模拟，聚焦于实现物流供需均衡，对陕西自贸区的物流系统进行了全面而深入的分析。在模型的基础上，进行了系统动力学模型的优化工作，以寻求陕西自贸区物流系统供需均衡发展的改进方向。通过对模型参数和变量的调整，本书得出了一系列结论，为陕西自贸区的物流系统发展提供实用性指导。

①基于物流系统相关理论，本书构建了陕西自贸区物流系统并对该系统的各要素进行了详细的分析，包括物流需求主体、物流供给主体、物流基础设施系统、物流信息系统以及物流保障系统。结合本书的研究内容，对陕西自贸区物流系统的供需进行了界定，并深入研究了其供需均衡模式。这一综合性的分析不仅有助于更好地理解陕西自贸区的物流格局，还为建立更为健全和高效的物流体系提供了重要参考。

②在构建陕西自贸区物流系统的基础上，采用系统动力学的理论和方法，对影响该系统供需的关键要素以及这些要素之间的因果关系进行了深入分析。构建了一个基于供需均衡的陕西自贸区物流系统的系统动力学模型，并通过调试验证了其有效性。通过对陕西自贸区物

流系统的系统动力学模型进行仿真模拟，对物流供需数量均衡进行了详细分析。根据陕西自贸区物流系统的系统动力学模型的仿真结果，本书提出了一系列优化策略，旨在推动陕西自贸区物流系统供需的均衡发展。

③根据陕西自贸区物流系统动力学模型仿真结果和优化策略，结合国内外典型内陆自贸区发展经验，提出陕西自贸区发展战略，并从陕西自贸区物流系统支撑体系、政策体系、协同运作等方面提出了促进陕西自贸区物流业发展的方案，在对外开放新格局背景下，以模型优化对策为切入点进一步提出推动陕西自贸区物流发展的运行保障对策。

13.2 研究不足与展望

本书对陕西自贸区物流系统及其供需均衡发展进行了初步研究，取得了一定的成果，但是受笔者学识水平和客观条件的限制，尚且存在诸多不足之处。

①在实证研究中，由于陕西自贸区成立时间较短，关于自贸区的统计数据较少，陕西自贸区物流产业的统计数据较为有限。在参数设定方面，部分数据是根据西安市数据经过处理后得出的。随着陕西自贸区数据的完善，在后续研究中，可以对系统参数进行更准确的设定。

②陕西自贸区的物流系统具有复杂性，涉及众多要素且关系错综复杂。受制于个人能力和客观条件，笔者未能涵盖所有要素并进行定量分析，如税收政策、金融政策、通关政策、物流设施布局以及物流信息技术水平等。这些因素值得在后续的研究中进行更深入的探讨。

参考文献

[1]班梦茹.自贸区环境下的智慧化港口竞争力评价及转型研究[D].大连:东北财经大学,2017.

[2]鲍静溪.物流产业均衡发展研究[D].昆明:云南财经大学,2008.

[3]本书编写组.中华人民共和国公路法[M].北京:中国民主法制出版社,2017:54.

[4]陈浩.陕西自贸试验区建设经验和思考[J].国际贸易,2019(2):32-39,61.

[5]陈宁宁. 基于物流均衡的区域物流体系比较研究[D]. 沈阳工业大学, 2015.

[6]陈宁宁.基于物流均衡的区域物流体系比较研究[D].沈阳工业大学,2015.

[7]陈卫峰."一带一路"倡议下中国自由贸易试验区制度创新:以陕西自贸区为例[J].开发研究,2021(1):38-45.

[8]陈小玮.西部大开发中的陕西速度[J].新西部,2019(28):75-80.

[9]陈晓玥.福建省区域经济环境下的区域物流体系研究[D].泉州:华侨大学,2009.

[10]陈耀庭.福建省现代物流产业发展的政策分析[D].天津:天津大学,2009.

[11]崔现华,吕永波,付蓬勃.区域物流平台建设及对策研究[J].物流技术,2007(9):4-6,41.

[12]崔晓迪.区域物流供需耦合系统的协同发展研究[D].北京:北京

交通大学,2009.

[13]戴奕,魏波.构建我国物流法律体系的思考[J].集美大学学报(哲学社会科学版),2006(4):50-53.

[14]丁俊发.上海自贸区给物流业发展带来的机遇与挑战[J].中国流通经济,2014,28(11):4-7.

[15]董剑南."西引力"的三个维度[N].陕西日报,2023-08-06(1).

[16]敦蕾.经济全球化下的区域物流研究[D].石家庄:河北师范大学,2008.

[17]范霄文,王梦.中国自由贸易试验区发展报告[C]// 深圳大学中国经济特区研究中心,深圳大学经济学院.中国经济特区发展报告(2020),2021:19.

[18]范学谦,傅汴玲.关于湖北自贸区发展现代物流的对策建议[J].长江论坛,2018(2):36-39.

[19]冯珏曦.上海自贸区对物流发展的影响分析[J].中国市场,2014(06):17-18.

[20]郭薇.自贸区联动效应下江苏港口物流产业协调发展研究[J].商业经济研究,2015(24):51-52.

[21]郭薇.自贸区联动效应下江苏港口物流产业协调发展研究[J].商业经济研究,2015(24):51-52.

[22]郭雪松,李炘弋.我国自由贸易试验区物流体系发展思路及对策研究:以陕西自由贸易试验区为例[J].北京工业大学学报(社会科学版),2018,18(5):50-60.

[23]国家发展和改革委员会,商务部.外商投资准入特别管理措施(负面清单)(2020年版)[J].中华人民共和国国务院公报,2020(22):32-35.

[24]韩民春,张燕玲.中国内陆自由贸易试验区发展模式研究——基于国际比较视角[J].价格月刊,2018(02):51-56.

[25]何杰.西部内陆自由贸易试验区建设的政策思考[J].国际贸易,2019(6):27-32,96.

[26]何力.南美沿海型和内陆型自贸区实践与我国自贸区建设[J].国

际商务研究,2014,35(02):24-32.

[27]何明珂.物流系统论[M].北京:中国高等教育出版社,2004.

[28]何枭吟,王晗.以自贸试验区建设促进陕西临空经济发展研究[J].西安航空学院学报,2018,36(2):46-50.

[29]胡鹏基.基于 Arima-BP 的城市物流需求预测及发展对策研究[D].天津:天津理工大学,2019.

[30]胡圣.我国国际物流发展对国际贸易的影响及对策研究[D].成都:西南财经大学,2007.

[31]蒋军洲.谈中原经济区物流业发展的依法调制[J].河南工业大学学报(社会科学版),2011,7(1):6-10.

[32]蒋雪梅,蒋卓,龙航宇.自贸区建设背景下湖南物流业发展战略研究[J].物流科技,2021,44(5):120-122.

[33]李国旗,罗铮,孙勤琴.物流服务市场供求关系研究[J].物流技术,2005(10):145-147.

[34]李克强.把现代流通业打造成为支撑经济社会发展的重要产业[J].工具技术,2015,49(11):35.

[35]李丽萍.区域物流系统动力学模型构建与应用研究[D].哈尔滨:东北林业大学,2012.

[36]李敏.构建现代港口物流体系促进河北沿海港产城一体化发展[J].中国水运,2013(9):30-33.

[37]李拥军,高学东,陈雪松.对中国钢材物流业发展特性的分析[J].冶金管理,2008(2):45-48.

[38]李育东."一带一路"战略下的中国内陆自贸区发展定位分析[J].现代商业,2017(1):118-119.

[39]刘登攀.新时代中国对外开放研究[D].北京:中共中央党校,2019.

[40]刘璠.基于产业集群的物流系统构建与运行研究[M].武汉:武汉大学出版社,2015.

[41]刘鸣谦.陕西:丝博会搭起互通桥梁开放大舞台汇聚新动能[J].

中国报道,2022(9):70-73.

[42]刘勤.物流产业集群网络生长及协同运作机制[M].武汉:武汉大学出版社,2016.

[43]刘庆国.加快推进物流标准化建设问题研究[J].交通标准化,2011(2):43-47.

[44]刘淑平.学习国际经验优化物流管理[J].物流科技,2006(8):131-132.

[45]刘彤彤.西安市物流节点布局研究[D].西安:长安大学,2018.

[46]刘晔,陆夏.美国"自贸区"模式的经济效应及其经验借鉴[J].上海经济研究,2014(12):14-20.

[47]刘真真.第三方物流服务现状及分析[J].现代商贸工业,2010,22(16):59-60.

[48]龙莉.试论我国公共资源招投标管理体制的改革与创新[J].经济问题探索,2011(8):24-28.

[49]娄勤俭.独特区位使陕西成为"一带一路"的核心区[J].中国经贸导刊,2016(30):7.

[50]陆华,司温科,袁敏,等.基于系统动力学模型的区域经济与物流协同机理研究[J].武汉理工大学学报(交通科学与工程版),2020,44(3):423-428.

[51]罗丹.上海自贸区物流系统供需均衡研究[D].北京:北京交通大学,2016.

[52]罗宁.基于SWOT分析法的西安国际港务区发展建议[J].现代商贸工业,2017(21):35-36.

[53]马蓓.党的对外开放理论视阈下的新疆口岸研究[D].乌鲁木齐:新疆大学,2020.

[54]马祯.自贸区建设背景下西安内陆港口岸经济协同发展研究[J].中国经贸导刊(中),2020(7):52-53.

[55]潘睿.陕西:以制度创新探索自贸区改革新路[J].中国报道,2023(4):70-73.

[56]庞文英. 浅谈我国制造业与物流业的联动发展[J]. 物流工程与管理,2009,31(11):1-2,10.

[57]沙鸣. 第四方物流产业发展及其规范研究[D]. 泰安:山东农业大学,2007.

[58]陕西省人民政府. 陕西省人民政府关于印发"十三五"建设内陆改革开放新高地规划的通知[J]. 陕西省人民政府公报,2017(15):15-30.

[59]陕西省人民政府办公厅. 关于印发"一带一路"建设2020年行动计划的通知[J]. 陕西省人民政府公报,2020(11):29-34.

[60]沈伟荣. 论上海自贸区对区内物流服务企业发展的影响[J]. 中国总会计师,2015(5):112-113.

[61]孙海波,陈健生. 西部内陆自由贸易试验区政策实施的经济效应评估:基于HCW法对四川、重庆、陕西自贸区的比较分析[J]. 南开经济研究,2021(6):70-88.

[62]孙海波. 西部内陆自贸区促进区域经济增长的效应研究[D]. 成都:西南财经大学,2022.

[63]孙久文,唐泽地. 我国内陆沿边地区建设自贸区的路径探讨[J]. 上海经济研究,2016(10):100-107,115.

[64]王德海. 标准化:物流全球化的根本[J]. 中国标准化,2008(6):23-25.

[65]王海灵. 中亚区域物流主体及物流经济环境状况[J]. 物流技术,2008(11):16-19.

[66]王健. 现代物流网络系统的构建[M]. 北京:科学出版社,2005.

[67]王陇,王学锋,孙丰. 纽约自贸区汽车物流服务模式及其借鉴[J]. 物流科技,2015,38(01):29-33.

[68]王萌. 我国内陆自贸试验区对区域经济发展的影响研究[D]. 西安:西安理工大学,2018.

[69]王慎泽. 区域经济合作中的政府壁垒措施研究[J]. 经济研究导刊,2014(15):164-165.

[70]王圣池,杨斌,许波桅,等. 考虑自贸区内设施配套的再制造物流

网络优化[J]. 科技管理研究,2015,35(10):216-221.

[71]王淑云. 空港型自由贸易区建设及金融发展的经验与启示[J]. 青海金融,2016(12):44-47.

[72]王燕. 长沙市产业集群的现代物流支持体系发展研究[D]. 长沙:湖南大学,2007.

[73]王玉勤. 陕西自贸区建设背景下西安国际港务区发展对策研究[J]. 物流科技,2018,41(3):82-83.

[74]王媛媛. 提升陕西自贸区物流业竞争力的举措[J]. 中国外资,2021(6):30-31.

[75]王之泰. 物流供给与需求系列探讨之一　物流供给与需求 [J]. 中国物流与采购, 2009(05): 54-57.

[76]王之泰. 物流服务供给与需求研究[J]. 物流科技,2009,32(7):1-8.

[77]王之泰. 物流供给与需求系列探讨之一物流供给与需求[J]. 中国物流与采购,2009(05):54-57.

[78]文艳. “十三五”期间西安交通建设成就非凡[N]. 西安日报,2021-08-10(3).

[79]翁智妍,徐丽华. 陕西自贸试验区发展绩效评价研究[J]. 新西部,2019(34):85-89.

[80]吴长剑. 公共管理研究的新视角:区域公共管理的若干思考[J]. 理论观察,2008(5):46-47.

[81]吴楚豪. 中国自由贸易试验区的区域经济效应及影响因素[D]. 武汉:武汉理工大学,2021.

[82]吴国秋. C2M 模式服务制造物流体系结构与均衡模型研究[D]. 沈阳:沈阳工业大学,2020.

[83]吴力,王嘉楠. 五年“秦”耕耘红利“陕”世界[N]. 国际商报,2022-04-20(8).

[84]夏春玉. 中国物流政策体系:缺失与构建[J]. 经济研究参考,2004(82):30-37.

[85]谢睿. 基于系统动力学的物流业发展对重庆市产业结构优化的影响分析[J]. 特区经济,2015(7):103 - 107.

[86]徐炜峻."一带一路"背景下西安建设国际物流中心的经验与启示[J]. 中国物流与采购,2019(17):69 - 72.

[87]徐征. 服务业供应链管理模型构建研究[J]. 商场现代化,2012(2):8 - 9.

[88]轩辕杨子. 中国(陕西)自由贸易试验区发布六年成绩单[N]. 西安日报,2023 - 04 - 01(1).

[89]闫茹. 基于云模型的国际陆港综合竞争力提升路径研究[D]. 西安:长安大学,2021.

[90]闫秀霞,孙林岩. 物流能力对区域经济发展的影响分析[J]. 科技进步与对策,2006(10):160 - 163.

[91]严旭. 聚焦制度创新,推进上海自贸试验区建设[J]. 上海金融学院学报,2014(6):11 - 15. [92]阎华,黄咏华. 物流标准化对我国现代物流发展的影响[J]. 铁路技术创新,2003(3):15 - 17.

[93]杨春河. 现代物流产业集群形成和演进模式研究[D]. 北京:北京交通大学,2008.

[94]杨莉群. 基于SD分析的吉安区域物流与经济发展关系研究[D]. 南昌:南昌大学,2015.

[95]杨柳,李红昌. 关于集装箱物流标准立法的探讨[J]. 物流技术,2009,28(4):30 - 32.

[96]杨自辉,符卓. 纵向物流产业集群公路运输负载—资源消耗均衡研究[J]. 软科学,2012,26(12):41 - 44.

[97]叶红玲. 中国(陕西)自贸区逐梦一带一路新起点[J]. 中国水运,2018(5):15 - 16.

[98]叶鹏昊. 内陆自贸区设立对区域经济增长与开放促进研究[D]. 武汉:中南财经政法大学,2021.

[99]叶心梅. 我国交通运输物流政策法规体系研究[D]. 武汉:武汉理工大学,2004.

[100]余川江,白佳琦.内陆自由贸易港的属性及建设内容和路径——兼析重庆自贸试验区建设经验[J].西部论坛,2019,29(02):91-98.

[101]余小川,季建华,邵晓峰.产业集群物流合作的治理模式解析[J].综合运输,2005(8):32-35.

[102]张博.上海自贸区物流发展模式研究[D].大连:大连海事大学,2018.

[103]张长绵,盛莉琼.中国(上海)自由贸易区的法制发展[J].人民法治,2016(12):7-11.

[104]张帆.建设赣粤闽湘四省边际区域性物流中心的思考[J].交通企业管理,2007(12):50-52.

[105]张建升.中国区域物流发展水平差异及其形成机理研究[D].成都:西南交通大学,2012.

[106]张健,龙云安.自贸试验区与川陕革命老区协同开放及路径研究[J].全国流通经济,2019(25):26-27.

[107]张庆杰,申兵,汪阳红,等.推动区域协调发展的管理体制及机制研究[J].宏观经济研究,2009(7):9-19.

[108]张思佳,徐静,史训东,等.基于系统动力学的区域物流供需平衡发展研究[J].物流技术与应用,2022,27(2):129-134.

[109]张伟杰.有效推进西安自贸区建设的模式研究[J].西部金融,2017(2):53-55,70.

[110]张志强.滨海新区建立自由贸易区的几点思考[J].求知,2008(12):36-37.

[111]郑大雄.绿色生态引领滨海城市建设的可持续发展[J].大众科技,2011(9):54-55.

[112]周明,李子言.在互联互通中实现合作共赢[N].陕西日报,2023-09-11(8).

[113]周楠,吴正平.乌鲁木齐铁路物流园作业节点设计[J].铁路采购与物流,2009,4(12):47-49.

[114]朱健.我国物流法律体系研究[D].上海:上海海事大学,2006.

[115]朱正清.上海自贸试验区制度创新对我国物流业发展影响浅析[J].天津经济,2014(10):30 – 35.

[116]ALOISE P G, MACKE J. Review: Eco – innovations in developing countries: The case of ManausFree Trade Zone (Brazil)[J]. Journal of Cleaner Production, 2017, 168(30):8.

[117]ANTUN J P , et al. The physical distribution of goods in a megalopolis: strategies for policies on the location of logistics facilities within the Central Region of Mexico [J]. Procedia Social and Behavioral Sciences, 2010:6130 – 6140.

[118]BEHRENS K. International integration and regional inequalities: how important is national infrastructure? [J]. Special Issue: Regional and Spatial Economics, 2011(79):952 – 971.

[119]BURKE. Gerard J, Carrillo. Janice E, Vakharia. Asoo J. Single versus multiple supplier sourcing strategies[J]. European Journal of Operational Research, 2007(10):95 – 112.

[120]DE LUAGEN. Governance in seaport cluster[J]. Journal Maritime Economics and Logistics, 2004(6):141 – 156.

[121]DE SENSI G, LONGO F, MIRABELLI G. Inventory policies analysis under demand patterns and lead times constraints in a real supply chain[J]. International Journal of Production Research, 2008, 46(24):6997 – 7016.

[122]DOGANIS T, AGGELOGIANNAKI E , SARIMVEIS H. A combined model predictive control and time series forecasting framework for production – inventory systems [J]. International Journal of Production Research, 2008, 46(24):6841 – 6853.

[123]GERARD J B , CARRILLO J E, VAKHARIA A J. Single versus multiple supplier sourcing strategies[J]. European Journal of Operational Research, 2007(10): 95 – 112.

[124]Getting intermodel fright on track are logistics clusters' the economical way forward for combine road and rail[J]. Logistics and Transport Focus,

2005(2):24 - 29.

[125]JAECQUES T. Logistics planning[J]. Buildings,2002,96(6):60.

[126]JAMES F. Campbell. Locating transportation terminals to serve an expanding demand [J]. Transportation Research Part B: Methodological,1990(3):57 - 63.

[127]MARLOW P. Evolution of supply chain management symbiosis of adaptive valuenetworks and ICT[J]. Maritime Economics and Logistics ,2004(4):368 - 369.

[128] MARUSCHKE M. Zones of reterritorialization: India's free trade zones in comparative perspective,1947 to the 1980s [J]. J Glob Hist, 2017,12(3):410 - 32.

[129]MCLENDON K. Life cycle logistics planning comes of age [J]. Defense &AT - L,2005,34(5):27 - 28.

[130]MENTZER J T, STANK T P , ESPER T L. Supply chain management and its relationship to logistics, marketing, production, and operations management[J]. Journal of Business Logistics,2008,29(1):31 - 46.

[131]MORTON R. Providing visibility in Asian logistics [J]. Outsourced Logistics,2008, 1(5):12 - 13.

[132]ROSENTHAL S S,STRANGE W C. Geography, industrial organization, and agglomeration[J]. Review of Economics and Statistics, 2003, 85(2): 377 - 93.

[133]SPENCER C. How the FTZ program can improve logistics[J]. Journal of Commerce, 2004,5(10):36 - 37.

[134] SPENCER C. Third - party logistics companies step up FTZ services[J]. Journal of Commerce,2005,6(36):26.

[135]STEINERT C. Third - party logistics providers seize the zones[J]. Journal of Commerce, 2003,4(39):30 - 32.

[136]THURSTON, CHARLES W F. Gateways to Latin America[J]. Distribution, 1996, 95(13):44 - 45.

索 引